A JUSTIÇA

O livro é a porta que se abre para a realização do homem.

Jair Lot Vieira

Platão

A JUSTIÇA

Tradução e notas: Edson Bini

Estudou filosofia na Faculdade de Filosofia,
Letras e Ciências Humanas da USP.
É tradutor há mais de 40 anos.

Copyright da tradução e desta edição © 2016 by Edipro Edições Profissionais Ltda.

Todos os direitos reservados. Nenhuma parte deste livro poderá ser reproduzida ou transmitida de qualquer forma ou por quaisquer meios, eletrônicos ou mecânicos, incluindo fotocópia, gravação ou qualquer sistema de armazenamento e recuperação de informações, sem permissão por escrito do editor.

Grafia conforme o novo Acordo Ortográfico da Língua Portuguesa.

1ª edição, 2ª reimpressão 2023.

Editores: Jair Lot Vieira e Maíra Lot Vieira Micales
Coordenação editorial: Fernanda Godoy Tarcinalli
Tradução e notas: Edson Bini
Editoração: Alexandre Rudyard Benevides
Revisão: Francimeire Leme Coelho
Arte: Karine Moreto Massoca

Dados Internacionais de Catalogação na Publicação (CIP)
(Câmara Brasileira do Livro, SP, Brasil)

Platão

    A justiça / Platão ; tradução e notas Edson Bini. – São Paulo : Edipro, 2016.

    Título original: Η ΠΕΡΙ ΔΙΚΑΙΟΥ.

    Bibliografia.

    ISBN 978-85-7283-954-9

    1. Filosofia antiga 2. Literatura grega I. Bini, Edson. II. Título.

15-08300   CDU-184

Índices para catálogo sistemático:
1. Filosofia platônica : 184
2. Platão : Obras filosóficas : 184

São Paulo: (11) 3107-7050 • Bauru: (14) 3234-4121
www.edipro.com.br • edipro@edipro.com.br
@editoraedipro   @editoraedipro

SUMÁRIO

Sobre o autor 7
Sobre a obra 11

A Justiça 15

SOBRE O AUTOR

Em rigor, pouco se sabe de absolutamente certo sobre a vida de *Platão*.

Platão de Atenas (seu verdadeiro nome era Aristocles) viveu aproximadamente entre 427 e 347 a.C. De linhagem ilustre e membro de uma rica família da Messênia (descendente de Codro e de Sólon), usufruiu da educação e das facilidades que o dinheiro e o prestígio de uma respeitada família aristocrática propiciavam.

Seu interesse pela filosofia se manifestou cedo, e tudo indica que foi motivado particularmente por *Heráclito de Éfeso*, chamado *O Obscuro*, que floresceu pelo fim do século VI a.C.

É bastante provável que, durante toda a juventude e até os 42 anos, tenha se enfronhado profundamente no pensamento pré-socrático – sendo discípulo de Heráclito, Crátilo, Euclides de Megara (por meio de quem conheceu as ideias de Parmênides de Eleia) – e, muito especialmente, na filosofia da Escola itálica.

Entretanto, é inegável que o encontro com Sócrates, sua antítese socioeconômica (Sócrates de Atenas pertencia a uma família modesta de artesãos), na efervescência cultural de então, representou o clímax de seu aprendizado, adicionando o ingrediente definitivo ao cadinho do qual emergiria o corpo de pensamento independente e original de um filósofo que, ao lado de Aristóteles, jamais deixou de iluminar a humanidade ao longo de quase 24 séculos.

Em 385 a.C., Platão, apoiado (inclusive financeiramente) pelos amigos, estabeleceu sua própria Escola no horto de *Academos*, para onde começaram a afluir os intelectos mais brilhantes e promissores da Grécia, entre eles Aristóteles de Estagira, que chegou a Atenas em 367 com 18 anos.

Platão morreu aos 80 ou 81 anos, provavelmente em 347 a.C. – *dizem* – serenamente, quase que em continuidade a um sono tranquilo.

Edson Bini

SOBRE A OBRA

A *Justiça* é o diálogo de abertura de *A República*, a obra de maior repercussão de Platão, um dos textos mais importantes da Filosofia, universalmente traduzido e estudado. Tendo como ponto central a teoria do Estado perfeito, todos os diálogos nela presentes constituem uma órbita pela qual transitam diversos temas que lhe são afins. A justiça ganha *status* de tema inaugural, pois compõe todo o *Livro I* e inicia o *Livro II*, até o final do § 3.

Neste diálogo – narrado em primeira pessoa por Sócrates, que tem por interlocutores Polemarco, Céfalo (pai de Polemarco), Gláucon e Adimanto (irmãos de Platão), Trasímaco (um sofista) e Clitofon –, a questão fundamental da justiça surge permeada por discussões acerca de qual é a sua verdadeira natureza e de que ela é constituída. Ambientada em uma Atenas decadente, a reflexão em pauta consiste em "vale mais ser forte ou ser bom?".

Entre as diversas opiniões que se levantam, Trasímaco considera o homem injusto aquele que tem maiores possibilidades de encontrar a felicidade, visto que entende a justiça como fazer o que é mais vantajoso ao mais forte. Tese esta contrariada por Sócrates, o que gera o inconformismo de Gláucon, que argumenta existirem bens que são, ao mesmo tempo, penosos, como a ginástica e o trabalho. Para ele, a justiça seria apenas uma criação dos fracos, e não porque a têm em alta conta, mas por terem nela um meio de se proteger da injustiça dos mais fortes. Gláucon conclui que a injustiça, sendo mais útil aos homens, torna-se sua prática habitual, ainda que oculta sob o manto da justiça.

Em contrapartida, Adimanto salta em defesa da justiça, considerando ser mais vantajosa a reputação de pessoa honesta, quer entre os homens ou da parte dos deuses. Para Sócrates, são os efeitos interiores, e não os exteriores, que traduzem a justiça como um bem e a injustiça como um mal. O que aponta a necessidade primeira de se determinar a verdadeira natureza da justiça.

Um tema de caráter amplo, e que alcança os mais diversos campos de reflexão – transitando do âmbito pessoal ao social e desembocando no plano universal –, que merece ser estudado e apreciado por todos aqueles que buscam compreender, refletir e transcender os limites deste conceito universalmente presente na formação, na organização e na evolução das sociedades passadas, presentes e futuras.

Os editores

A JUSTIÇA*

---

*. Apresentamos a narração de Sócrates em fonte diversa daquela que compõe as falas do diálogo, para melhor localizar o leitor. (N.E.)

Fui ontem ao Pireu[1] com Gláucon, filho de Aríston, fazer minhas oblações à deusa[2] e, também, porque queria ver como conduziriam o festival, já que o comemoravam pela primeira vez. Achei excelente a procissão dos cidadãos, não sendo, contudo, menos notável a apresentação oferecida pelo desfile do contingente trácio.

Depois de fazermos nossas orações e termos visto o espetáculo, iniciávamos o retorno quando Polemarco, o filho de Céfalo, nos avistou de longe à medida que rumávamos para casa e ordenou ao seu pequeno escravo[3] que corresse até nós e nos solicitasse que aguardássemos por ele; o escravo segurou-me o manto por trás ao mesmo tempo que dizia: "Polemarco deseja

---

1. Uma divisão administrativa de Atenas, na região baixa junto ao mar (porto), localizada a cerca de 8 km da cidade alta.
2. Provavelmente a deusa trácia Bêndis, cujas características a faziam corresponder à deusa grega Ártemis, filha de Zeus e irmã gêmea de Apolo. O culto a Bêndis era bastante recente no Pireu.
3. Literalmente *criança* (menino ou menina com menos de sete anos). Aqui um menino escravo.

que esperes". Voltei-me e perguntei-lhe onde se encontrava seu senhor. "Lá está ele", ele disse, "atrás de vós, vindo nesta direção. Queira esperar por ele." "Assim o faremos", disse Gláucon.

Logo éramos alcançados por Polemarco, que estava acompanhado por Adimanto, irmão de Gláucon, Nicerato – filho de Nícias – e alguns outros, todos aparentemente provenientes da procissão.

POLEMARCO

Parece que ambos voltaram seus rostos para a cidade[4] e estão na iminência de nos deixar.

SÓCRATES

É o que parece.

POLEMARCO

Mas vês quantos somos?

SÓCRATES

Por certo.

POLEMARCO

Então devereis ou vos revelar mais fortes do que nós ou permanecer aqui.

---

4. Cidade em oposição à região rural. Mas neste caso o sentido é bastante específico, significando a cidade *alta* em relação ao Pireu, a região baixa de Atenas.

SÓCRATES

Não haveria uma outra alternativa, ou seja, a de vos persuadir de que deveis nos deixar ir?

POLEMARCO

Mas podes nos persuadir, se recusarmos ouvir?

GLÁUCON

De modo algum.

POLEMARCO

Bem, então ficai sabendo que não vos ouviremos.

ADIMANTO

Quereis dizer que não ouvistes falar que haverá uma corrida de tochas a cavalo esta noite em homenagem à deusa?

SÓCRATES

A cavalo? É uma novidade. Carregarão tochas e as passarão uns aos outros em revezamento à medida que correrem a cavalo... ou como será?

POLEMARCO

Exatamente assim e, além disso, haverá um festival noturno digno de ser apreciado. Após o jantar deixaremos a mesa, sairemos, veremos o espetáculo e encontraremos muitos jovens e conversaremos agradavelmente. Portanto, não sede desmancha-prazeres e fazei como pedimos.

GLÁUCON

Parece que teremos de ficar.

SÓCRATES

Bem, se é o que pensas, que assim seja.

E assim fomos com eles para a casa de Polemarco e lá encontramos Lísias e Eutidemo, os irmãos de Polemarco, e Trasímaco da Calcedônia também, Carmantides do demo[5] de Peânia e Clitofon, filho de Aristônimo. O pai de Polemarco, Céfalo, também estava em casa. Achei-o muito envelhecido, visto fazer um longo tempo desde a última vez que o vira. Estava sentado em uma espécie de cadeira almofadada e tinha uma coroa de flores na cabeça, pois estava oferecendo um sacrifício doméstico. Havia cadeiras dispostas em círculo e sentamos ao lado dele. Logo que me viu, Céfalo saudou-me.

Céfalo

Não és um visitante frequente, Sócrates. Raramente desces ao Pireu para ver-nos. Isto não é certo, pois se eu ainda fosse capaz de fazer a caminhada até Atenas facilmente, não seria necessário que viesses até aqui: iríamos visitá-lo. Mas sendo as coisas como são, não deverias tornar tuas visitas a este lugar tão raras. Deverias saber que, no que toca a mim, à medida que os prazeres do corpo fenecem, na mesma medida aumentam meu desejo e prazer pela boa conversação. Assim, faças como digo: sê companhia para esses rapazes, mas vem regularmente nos visitar como o farias a bons amigos e parentes.

Sócrates

Realmente, Céfalo, além disso gosto de conversar com os idosos, pois penso que temos a aprender com eles como se fossem viajantes que nos precederam em uma estrada que

---

5. *Demo*: divisão administrativa criada na Antiguidade ateniense e generalizada por toda a Grécia nos tempos modernos.

nós também, possivelmente, teremos algum dia de trilhar. Como ela é? Mostra-se acidentada e dura aos pés ou fácil e agradável é por ela caminhar? Desse modo, nessa oportunidade, eu ficaria satisfeitíssimo em saber de ti o que achas disso, agora que alcançaste o ponto denominado pelos poetas de *limiar da velhice*. É um trecho árduo da vida a ser suportado? O que tens a dizer a respeito?

Céfalo

Por Zeus, Sócrates, direi a ti o que sinto no tocante a isso, pois acontece com frequência a alguns de nós, de idade semelhante, nos reunirmos, de acordo com o velho provérbio segundo o qual *o semelhante atrai o semelhante*. Nesses encontros a maioria de nós se lamenta, atingida pela saudade dos deleites perdidos da juventude, evocando os prazeres do vinho, do sexo, das festas e de tudo aquilo que acompanhava esses prazeres; afligem-se na crença de que as coisas mais importantes lhes foram subtraídas – que outrora viviam bem e que agora não há vida alguma. E alguns se queixam dos abusos aos quais os amigos e os parentes submetem os velhos e daí declamam uma triste ladainha composta de todas as misérias de que culpam a velhice. Mas na minha opinião, Sócrates, não responsabilizam a causa verdadeira, pois se a velhice fosse realmente a causa, minha experiência deveria ter sido idêntica, tal como a de todos que atingiram esse período da vida. E, de fato, encontrei outros que não se sentiam assim e me lembro, particularmente, de ouvir o poeta Sófocles responder a alguém que lhe indagara: "Como estás, Sófocles, em matéria de sexo? És capaz ainda de fazer sexo com uma mulher?", nos seguintes termos: "Fala baixo, homem! Com muito contentamento escapei de tudo isso, como um escravo que escapara de um senhor brutal e tirânico". Julguei, na ocasião, que ele estava certo e ainda assim o julgo, uma vez que a velhice provê paz e liberdade em relação a isso. Quando as tensões selvagens dos apetites relaxam e param de nos importunar, o que Sófocles disse é comprovado e escapamos de muitos loucos senhores. Mas a verdade é que quanto a essas queixas e àquelas que tocam aos nossos parentes e amigos, a verdadeira causa não é a velhice, Sócrates, mas a maneira de viver dos seres humanos. Se estiverem habituados à moderação e à jovialidade, sua velhice será, também, um fardo moderado; se não estiverem, tanto a velhice quanto a juventude constituirão uma pesada carga.

Admirei-o por dizer tal coisa e quis que me dissesse mais; assim, estimulei-o a fazê-lo.

Sócrates
Quando dizes tais coisas, Céfalo, suponho que não contes com a concordância da maioria das pessoas, uma vez que pensam que suportas a velhice mais facilmente, não devido ao modo de viveres, mas porque és rico, pois a riqueza – dizem – proporciona muitos consolos.

Céfalo
É verdade... não concordam, e existe alguma coisa no que expressam, embora nem tanto quanto o pensem. A pronta resposta de Temístocles é bastante cabível aqui. Quando alguém de Sérifo o insultou afirmando que sua elevada reputação era devida a sua cidade e não a ele próprio,

replicou que tivesse sido ele um serifiano não seria famoso, como tampouco o seria o seu interlocutor, mesmo se tivesse nascido ateniense. O mesmo sucede àqueles que não são ricos e consideram a velhice difícil de ser suportada. Uma boa pessoa não suportaria facilmente a velhice se fosse pobre, porém um mau indivíduo não estaria em paz consigo mesmo ainda que fosse rico.

Sócrates
Herdaste a maior parte de tua fortuna, ou tu mesmo a adquiriste?

Céfalo
Perguntas o que adquiri por mim mesmo, Sócrates? Bem, como homem que ganha dinheiro situo-me em uma espécie de ponto mediano entre meu avô e meu pai. Meu avô e homônimo herdou mais ou menos a mesma fortuna que possuo, mas a multiplicou muitas vezes. Meu pai, Lisânias, contudo, a reduziu a um valor ainda inferior àquele na qual ela se encontra agora. Quanto a mim, satisfaço-me em deixar a estes meus filhos não menos, porém um pouco mais do que herdei.

Sócrates
A razão de minha pergunta é que me parece não seres demasiado aficionado ao dinheiro. E aqueles que não ganharam o próprio dinheiro geralmente se assemelham a ti. Mas os que o conquistaram por si mesmos a ele são apegados o dobro daqueles que não o adquiriram por si próprios. Tal como os poetas amam seus poemas e os pais amam seus filhos, os que adquiriram seu próprio dinheiro não zelam por ele apenas porque é útil, como acontece com outras pessoas, mas também porque é algo

que foi por eles criado. Isto os torna companhia pouco interessante, pois não desejam falar de outro assunto exceto dinheiro.

CÉFALO
É verdade.

SÓCRATES
Não há dúvida de que é. Mas diz-me outra coisa: qual foi o maior benefício que recebeste pelo fato de seres muito rico?

CÉFALO
O que tenho a dizer a respeito provavelmente não convencerá a maioria das pessoas. Mas sabes, Sócrates, que quando alguém começa a perceber que o seu fim está próximo, principia também a atemorizar-se e preocupar-se com coisas que não o atemorizavam antes. É nesse momento que as histórias que nos são contadas sobre o Hades, sobre como os indivíduos que aqui foram injustos serão lá punidos – histórias que eram para ele habitualmente objeto de gracejo[6] –, passam a torturar sua alma, incutindo-lhe a dúvida de que possam ser verdadeiras. E seja por causa da debilidade inerente à velhice, seja porque está ele agora mais próximo do que ocorre no além e tem, assim, uma visão mais clara disso, ou seja lá o que for, é tomado por augúrios e receios e acaba por submeter-se a um autoexame a fim de verificar se foi injusto com alguém. Se descobrir muitas injustiças em sua vida, passará a despertar aterrorizado do sono, como uma criança, e seus dias serão assombrados pela antecipação de desgra-

---

6. Ver *Górgias*, em *Diálogos II*, obra publicada em *Clássicos Edipro*.

ças vindouras. Entretanto, aquele que está consciente de que não foi injusto, terá uma boa e doce esperança como constante companheira, uma nutriz para sua velhice, como diz Píndaro, pois isto é expresso belamente por ele, Sócrates, ao dizer que quando alguém vive uma vida justa e piedosa...

> Doce esperança reside em seu coração,
> Nutriz e companheira para a sua velhice.
> A esperança que governa as sempre mutáveis
> Mentes dos homens mortais.

Quão magnificamente ele o expressa! O maior valor da riqueza se prende a isso, não para todo homem, mas para o homem honrado e equilibrado. A riqueza pode ser extremamente útil no sentido de nos poupar a necessidade de enganar ou iludir alguém contra a nossa vontade ou a necessidade de partir para aquele outro mundo com o coração apreensivo pelo débito de um sacrifício a um deus ou o débito de dinheiro a um homem. A riqueza tem muitas outras utilidades, mas, comparados todos os seus benefícios, diria que é dessa forma que é mais proveitosa a um homem sensato.

Sócrates

Discursaste admiravelmente, Céfalo. Mas, nos referindo especificamente a isso, ou seja, à justiça, deveremos afirmar que consiste incondicionalmente em dizer a verdade e em pagar todos os nossos débitos contraídos?[7] Ou será realizar essas coisas às vezes *justo*, às vezes *injusto*?[8]

---

7. Em sentido lato: devolver tudo o que estejamos devendo a alguém.
8. Platão instaura aqui, por meio de Sócrates, o tema central do livro, ou seja, *no que consiste a justiça*.

O que quero dizer é, por exemplo: todos certamente concordariam que se um homem no seu juízo emprestasse suas armas a um amigo e as pedisse de volta quando estivesse fora de seu juízo, o amigo não deveria devolvê-las e não estaria agindo *justamente* se o fizesse. Tampouco deveria alguém se dispor a dizer toda a verdade a alguém que está fora de seu juízo.

CÉFALO

Tens razão.

SÓCRATES

Portanto, a definição de justiça não é dizer a verdade e restituir o que lhe foi emprestado [ou recebido].

POLEMARCO

Por certo que é, Sócrates, se tivermos de dar algum crédito a Simônides[9].

CÉFALO

Bem, então, transfiro todo o argumento a ti, posto que preciso cuidar do sacrifício.

POLEMARCO

Dessa forma é, então, para eu ser teu herdeiro em tudo?[10]

---

9. Simônides de Ceos, poeta lírico, elegíaco, de epigramas e hinos. A data de seu nascimento é duvidosa, entre 556 e 548 a.C. Morreu em 468 a.C.
10. Fica claro aqui que na oração afirmativa anterior Céfalo se dirige ao filho, Polemarco, e não a Sócrates, aproveitando a interrupção de Polemarco para voltar à celebração do seu ritual religioso doméstico, obrigação sagrada que nem a rara presença de Sócrates pode interromper.

CÉFALO

Certamente – rindo e já retornando ao seu sacrifício.

SÓCRATES

Diz-nos, então, ó herdeiro do argumento, exatamente o que Simônides afirmou acerca da justiça que julgas correto.

POLEMARCO

Afirmou que é justo dar a cada um o que lhe é devido, o que considero um bom enunciado.

SÓCRATES

Bem... admito que não é fácil duvidar de Simônides, uma vez que se trata de um homem sábio e de inspiração divina. Mas o que quer dizer ele precisamente? Talvez o saibas, Polemarco. Eu, entretanto, não o entendo. Está claro que não quer dizer o que mencionamos um momento atrás, ou seja, que é justo devolver tudo o que recebeste de uma pessoa a ela, mesmo que esteja fora de seu juízo quando solicitar a devolução. E, contudo, o que essa pessoa te entregou é algo que certamente lhe pertence, não é mesmo?

POLEMARCO

Sim.

SÓCRATES

Mas que não é, em absoluto, para lhe ser devolvido quando a pessoa estiver fora de seu juízo?

POLEMARCO

É verdade.

Sócrates

Então, parece que Simônides quis dizer outra coisa ao afirmar que é justo devolver o que lhe é devido.

Polemarco

Outra coisa, de fato, por Zeus! Ele quer dizer que amigos *devem* aos seus amigos aquilo que lhes é benéfico, nunca o que lhes é danoso.

Sócrates

Compreendo, alguém não restitui ao emprestador o ouro que lhe deve se fazê-lo for danoso e ele e o emprestador forem amigos. É isso que pensas que Simônides quer dizer?

Polemarco

Sim.

Sócrates

Mas e quanto aos inimigos? Devemos dar a eles tudo o que lhes é devido?

Polemarco

É indiscutível. Devemos dar a eles o que lhes é devido e, a meu ver, o que inimigos devem entre si é própria e exatamente um mal...

Sócrates

Parece, então, que Simônides se expressou por enigmas, bem à maneira de um poeta, quando definiu a justiça, pois pensou ser justo dar a cada um o que lhe é apropriado, sendo isso o que qualificou dar-lhe o que lhe é devido.

POLEMARCO

E o que mais pensas que ele quis dizer?

SÓCRATES

Ora, o que achas que ele responderia se alguém lhe perguntasse: "Quais as coisas devidas e apropriadas que são dadas pela arte da Medicina e a quem, ou ao que, são dadas?".

POLEMARCO

Está claro [que as coisas dadas pela Medicina são] remédios, alimento e bebida e [que são dadas] aos corpos.

SÓCRATES

E quais coisas devidas e apropriadas a arte que chamamos de Culinária dá e a quem ou ao que as dá?

POLEMARCO

Temperos aos alimentos.

SÓCRATES

Ótimo! E o que a arte que chamamos de Justiça dá e a quem ou ao que o dá?

POLEMARCO

Se tivermos de ser coerentes com as respostas anteriores, Sócrates, [teremos de afirmar] que dá benefícios aos amigos e causa danos aos inimigos.

SÓCRATES

Por conseguinte, Simônides quer dizer que justiça é tratar bem os amigos e tratar mal os inimigos.

POLEMARCO

É o que creio.

SÓCRATES

E quem é mais capaz de tratar os amigos bem e os inimigos mal em termos de doença e saúde?

POLEMARCO

O médico.

SÓCRATES

E quem pode fazer isso da melhor forma durante uma tempestade no mar?

POLEMARCO

O piloto.

SÓCRATES

E quanto à pessoa justa? Em quais ações e tarefas ela se revela mais capaz de beneficiar os amigos e prejudicar os inimigos?

POLEMARCO

Travando guerras e fazendo alianças, eu suponho.

SÓCRATES

Muito bem. Quando os indivíduos não estão doentes, Polemarco, um médico lhes é inútil?

POLEMARCO

Certamente.

SÓCRATES

E igualmente [inútil] um piloto para quem não está navegando?

POLEMARCO

Sim.

SÓCRATES

E para os homens que não estão guerreando, um homem justo é inútil?

POLEMARCO

Não. Não acho que o seja de modo algum.

SÓCRATES

Então a justiça é útil também durante a paz?

POLEMARCO

Sim.

SÓCRATES

E também a Agricultura?

POLEMARCO

Sim.

SÓCRATES

Para termos uma safra?

POLEMARCO

Sim.

SÓCRATES

E a confecção de calçados também?

POLEMARCO

Sim.

SÓCRATES

Para termos os calçados? Presumo que dirias isto?

POLEMARCO

Certamente.

Sócrates
Bem, para o que serve a justiça em tempos de paz e para a obtenção do quê?

Polemarco
Transações, contratos, Sócrates.

Sócrates
E entendes por contratos o quê? Sociedades, parcerias?

Polemarco
Isso, sociedades, parcerias.

Sócrates
Alguém é um sócio ou parceiro bom e útil em um jogo de damas porque é justo ou porque é um jogador de damas?

Polemarco
Porque é um jogador de damas.

Sócrates
E no assentamento de tijolos e pedras, é uma pessoa justa parceiro melhor e mais útil do que um pedreiro?

Polemarco
De modo algum.

Sócrates
Em que tipo de parceria, então, é uma pessoa justa parceiro melhor do que um pedreiro ou um tocador de harpa na medida em que um tocador de harpa é melhor do que uma pessoa justa no dedilhar as cordas [para a produção] das notas certas?

POLEMARCO

Em questões de dinheiro, penso eu.

SÓCRATES

Exceto, talvez, Polemarco, no caso do uso do dinheiro, pois sempre que alguém precisa fazer a compra de um cavalo associativamente, penso ser um criador de cavalos um parceiro mais útil, não é mesmo?

POLEMARCO

É o que parece.

SÓCRATES

E quando se precisa comprar um barco, é um construtor de barcos ou um piloto?

POLEMARCO

Um construtor de barcos, provavelmente.

SÓCRATES

Em qual uso em parceria de prata ou ouro, então, mostra-se uma pessoa justa um parceiro mais útil do que os outros?

POLEMARCO

Quando é necessário fazer deles um depósito para a guarda, Sócrates.

SÓCRATES

Queres dizer quando não há necessidade de utilizá-los, mas somente guardá-los?

POLEMARCO

Exato.

SÓCRATES

Conclui-se que é quando o dinheiro não está sendo utilizado que a justiça lhe é útil?

POLEMARCO

Receio que sim.

SÓCRATES

E toda vez que é necessário manter um podão[11] em segurança, porém sem utilização, a justiça se revela útil tanto em parcerias quanto individualmente. Contudo, no momento em que precisares utilizá-lo, o que se revela útil é a habilidade na poda dos vinhedos.

POLEMARCO

Assim o parece.

SÓCRATES

Concordarás, portanto, que quando se necessita manter guardados um escudo e uma lira e não os usar a justiça é útil, mas, quando se precisa usá-los, o que é útil é a arte militar e a música?

POLEMARCO

Necessariamente.

SÓCRATES

E assim, inclusive, com todas as demais coisas, a justiça é inútil quando estão sendo usadas, mas útil quando não estão?

---

11. Foice; também significa *cimitarra*, ou seja, um sabre em forma de foice.

POLEMARCO

É o que parece.

SÓCRATES

Nesse caso, a justiça não tem grande valor, uma vez que é somente útil para coisas fora de uso e inúteis. Mas consideremos um outro ponto. Não é o indivíduo mais capaz de aplicar um golpe, seja no pugilato ou em qualquer outro tipo de luta, também o mais capaz de guardar-se contra ele?

POLEMARCO

Certamente.

SÓCRATES

E aquele mais capaz de guardar-se contra a doença também o mais hábil em transmiti-la sem ser detectado?

POLEMARCO

Creio que sim.

SÓCRATES

E aquele que é o melhor guardião de um exército não é o mesmo homem capaz de subtrair os planos e as disposições do inimigo?

POLEMARCO

Não há dúvida.

SÓCRATES

Quando alguém se mostra um hábil guardião, revela-se também como um hábil ladrão.

Polemarco

Provavelmente.

Sócrates

Se uma pessoa justa é habilidosa para a guarda do dinheiro, será, consequentemente, habilidosa para o seu furto.

Polemarco

É o que, com certeza, aponta nosso argumento.

Sócrates

Um indivíduo justo converteu-se assim, pelo que parece, em um tipo de ladrão. Talvez tenhas extraído tal ideia de Homero, pois ele gosta de Autólico, o avô materno de Odisseu, que por ele é descrito como o melhor de todos na mentira e no roubo.[12] Assim, para ti, Homero e Simônides a justiça parece ser alguma espécie de arte do furto, a qual beneficia amigos e prejudica inimigos. Não é o que quiseste dizer?

Polemarco

Não, por Zeus! Não sei mais o que realmente quis dizer, mas ainda acredito que a justiça é beneficiar os amigos e prejudicar os inimigos.

---

12. *Odisseia*, XIX, 392-398. Para Platão, os poetas, em virtude da natureza de sua arte e atividade, e apesar da beleza e do encanto da poesia, não são autoridades seguras e fidedignas em matéria de verdade, o que vale, portanto, inclusive para os grandes poetas da Grécia, Homero e Hesíodo, além de Simônides e tantos outros. Ver *Teeteto*, em *Diálogos I*, e *Hípias Menor*, em *Diálogos II*, obras publicadas em *Clássicos Edipro*.

Sócrates

No que concerne aos amigos, te referes àqueles que uma pessoa acredita serem bons e úteis a ela ou àqueles que efetivamente são bons e úteis, ainda que a pessoa não pense que o são – e de maneira análoga relativamente aos inimigos?

Polemarco

Provavelmente ama-se aqueles que se julga bons e úteis e odeia-se aqueles que se julga maus e nocivos.

Sócrates

Mas por certo as pessoas com frequência cometem erros em relação a isso, crendo que muitos indivíduos são bons e úteis quando não o são... e cometem os erros inversos quanto aos inimigos.

Polemarco

Com efeito, cometem.

Sócrates

E então bons indivíduos são seus inimigos e maus indivíduos seus amigos?

Polemarco

Sim.

Sócrates

De modo que é justo beneficiar maus indivíduos e prejudicar bons indivíduos?

Polemarco

É o que parece.

SÓCRATES

Mas os bons indivíduos são justos e incapazes de fazer qualquer mal?

POLEMARCO

É verdade.

SÓCRATES

Bem, então conforme a tua avaliação, é justo causar males àqueles que não cometem mal algum.

POLEMARCO

Não! Não é justo de modo algum, Sócrates. Minha avaliação deve ter sido má, conduzindo a uma conclusão imoral.

SÓCRATES

É, portanto, justo prejudicar os injustos e beneficiar os justos?

POLEMARCO

É óbvio que esta conclusão, de uma maneira ou de outra, é melhor do que a primeira.

SÓCRATES

Então, Polemarco, infere-se que é justo para muitos, que se equivocam em seus julgamentos, prejudicar seus amigos, que são maus, e beneficiar seus inimigos, que são bons, com o que chegamos a uma conclusão oposta ao que afirmamos que Simônides queria dizer.

POLEMARCO

É certamente o que se infere. Mas convém alterarmos nossa definição, pois parece que não definimos amigos e inimigos corretamente.

SÓCRATES

E como os definimos, Polemarco?

POLEMARCO

Afirmamos que um amigo é alguém que acreditamos ser útil.

SÓCRATES

E alteraremos isso para o que agora?

POLEMARCO

Alguém que acreditamos ser útil e é útil é um amigo; alguém que acreditamos ser útil, mas não é, acredita-se que é um amigo, mas não é. O mesmo é aplicável ao inimigo.

SÓCRATES

De acordo com esse raciocínio, um bom indivíduo será um amigo e um mau indivíduo, um inimigo.

POLEMARCO

Sim.

SÓCRATES

Dessa forma [concluo que] desejas que adicionemos algo ao que dissemos antes sobre a justiça quando dissemos *que é justo tratar amigos bem e inimigos mal*. Desejas que acrescentemos a isto *que é justo tratar bem um amigo que é bom e prejudicar um inimigo que é mau*?

POLEMARCO

Certo. Isso me parece satisfatório.

SÓCRATES

A função de um homem justo é, portanto, prejudicar quaisquer seres humanos?[13]

POLEMARCO

Certamente, ele deve causar dano àqueles que são tanto maus quanto seus inimigos.

SÓCRATES

Os cavalos se tornam melhores ou piores quando se lhes causa dano?

POLEMARCO

Piores.

SÓCRATES

Isto relativamente à excelência que torna bons os cães, ou a excelência que torna bons os cavalos?

POLEMARCO

A que torna bons os cavalos.

SÓCRATES

E quando se causa dano aos cães, esses se tornam piores na excelência que torna bons os cães, não os cavalos?

POLEMARCO

Necessariamente.

SÓCRATES

Então, não deveremos dizer o mesmo sobre os seres humanos, a saber, que quando danos são causados a eles tornam-se piores em relação à excelência humana?

---

13. Note-se que Platão atribui o exercício da virtude da justiça ao homem, e não à mulher.

POLEMARCO

De fato.

SÓCRATES

Mas a justiça não é uma excelência ou virtude humana?

POLEMARCO

Sim, é claro.

SÓCRATES

Consequentemente, pessoas que são prejudicadas devem se tornar mais injustas?

POLEMARCO

É o que parece.

SÓCRATES

Podem os músicos tornar as pessoas não musicais por meio da música?

POLEMARCO

Não podem.

SÓCRATES

E os praticantes de equitação podem tornar as pessoas avessas à equitação por meio da equitação?

POLEMARCO

Não.

SÓCRATES

Bem, então podem aqueles que são justos tornar injustas as pessoas por meio da justiça? Ou, em síntese, é possível que aqueles que são bons tornem más as pessoas por meio da virtude?

POLEMARCO

Impossível.

SÓCRATES

Não é a função do calor arrefecer as coisas, mas sim de seu oposto?

POLEMARCO

Sim.

SÓCRATES

Nem a função da secura umedecer as coisas, mas sim de seu oposto?

POLEMARCO

Realmente.

SÓCRATES

Nem a função do bem causar dano, mas sim de seu oposto?

POLEMARCO

É o que parece.

SÓCRATES

E uma pessoa justa é boa?

POLEMARCO

Certamente.

SÓCRATES

Então, Polemarco, não é função de uma pessoa justa prejudicar um amigo ou qualquer outra pessoa, sendo tal função a do seu oposto, ou seja, a pessoa injusta?

POLEMARCO

A meu ver, isso é inteiramente verdadeiro, Sócrates.

SÓCRATES

Se alguém nos diz, portanto, que é justo dar a cada um o que lhe é devido entendendo por isso que um homem justo deve causar dano aos seus inimigos e fazer o bem aos seus amigos, não se mostra sábio em dizê-lo, visto que o que diz não é verdadeiro, porque ficou claro para nós que nunca é justo causar dano a quem quer que seja.

POLEMARCO

Concordo.

SÓCRATES

Tu e eu combateremos, portanto, em conjunto qualquer um que nos diga que Simônides, Bias, Pítaco ou qualquer outro de nossos homens sábios e bem-aventurados afirmou tal coisa.

POLEMARCO

Eu, de todas as formas, me disponho a lutar contigo nessa batalha.

SÓCRATES

Sabes a quem, a meu ver, pertence a afirmação de que é justo beneficiar os amigos e prejudicar os inimigos?

POLEMARCO

A quem?

SÓCRATES

Acho que pertence a Periandro, Perdicas, Xerxes ou Ismênio de Corinto, ou a algum outro homem abastado que acreditava deter grande poder.[14]

---

14. Periandro, Perdicas e Xerxes foram famosos tiranos e reis. Ismênio de Corinto tornou-se muito conhecido por possuir uma enorme fortuna.

Polemarco
Isso é absolutamente verdadeiro.

Sócrates
Ótimo! Posto que ficou evidente que a justiça e o justo não são o que tais indivíduos dizem que são, o que mais poderiam ser?

Enquanto dialogávamos, Trasímaco tentara várias vezes interferir e assenhorear-se da discussão, sendo, entretanto, impedido por aqueles que se achavam sentados próximos dele, desejosos de ouvir nossa linha de argumentação até o fim. Quando fizemos uma pausa após o que eu acabara de dizer, ele não conseguiu mais conter seu silêncio. Contraiu-se como um animal selvagem prestes a dar o bote e lançou-se sobre nós como se para nos despedaçar. Polemarco e eu ficamos amedrontados e desconcertados quando ele – se postando entre nós dois – vociferou:

Trasímaco
Que tolices ambos estiveram conversando, Sócrates? Por que agem os dois como idiotas fazendo concessões mútuas?[15] Se realmente quereis saber o que é a justiça, não vos limitai a apresentar questões e em seguida contestar respostas meramente para satisfazer vosso gosto pela competição ou vossa vaidade. Sabes muito bem que é mais fácil fazer perguntas do que respondê-las. Dá uma resposta tua e nos diz o que é o justo. E não venhas me dizer o que é o certo, o benéfico, o útil, o lucrativo ou o

---

15. A despeito de sua truculência pintada por Platão, Trasímaco resume a seguir uma das principais críticas que os sofistas faziam ao método socrático, a *maiêutica* ou parturição das ideias.

vantajoso, mas diz-me clara e exatamente o que entendes [por justo], pois não aceitarei tais tolices de tua parte.

Suas palavras me chocaram e senti medo ao olhar para ele. Creio que se não houvesse olhado para ele antes que me fitasse eu teria emudecido.[16] Mas como haviam sucedido as coisas, acontecera de eu pousar meu olhar sobre ele exatamente no momento em que nossa discussão começara a exasperá-lo, de sorte que pude replicar e, ligeiramente trêmulo:[17]

Sócrates

Não sê demasiado duro conosco, Trasímaco, visto que se Polemarco e eu cometemos um equívoco em nossa investigação, deverias saber que o fizemos involuntariamente. Se estivéssemos em busca de ouro, jamais faríamos voluntariamente concessões mútuas se assim agindo eliminássemos nossa chance de descobri-lo. Portanto, não pensa que na busca da justiça, algo mais valioso do que até mesmo uma grande quantidade de ouro,[18] faríamos insensatamente mútuas complacências e trairíamos a total seriedade necessária para descobri-la. Certamente não deves assim pensar, mas sim – como penso eu – que fomos incapazes de descobri-la. Por conseguinte, seria mais apropriado que fôssemos objeto de pena por parte de indivíduos inteligentes como tu e não de um áspero tratamento.

---

16. Sócrates permanece sutilmente comparando Trasímaco a um animal feroz. Havia uma crença de que, se fôssemos vistos por um lobo antes de o avistarmos, perderíamos a voz.
17. O leitor deve compreender que o sereno e imperturbável Sócrates está sendo irônico, como, aliás, em toda esta passagem.
18. Presumível crítica velada ao próprio Trasímaco, que, como os sofistas em geral, ganhava dinheiro com suas aulas de Filosofia e Retórica.

Ao ouvir meu discurso, ele irrompeu em uma gargalhada sarcástica.

Trasímaco

Por Héracles, eis precisamente a usual ironia de Sócrates. Eu sabia, e já comentara isso com as pessoas presentes antes, que não desejarias responder e que se alguém te interrogasse te mostrarias irônico e tudo farias, menos dar uma resposta.

Sócrates

Isto porque és um indivíduo hábil, Trasímaco. Sabias demasiado bem que se perguntasses a alguém quanto é doze e ao perguntar o advertisse dizendo: "Não vás me dizer, homem, que *doze* é *duas vezes seis*, ou *três vezes quatro*, ou *seis vezes dois*, pois não aceitarei tal tolice", constatarias claramente, a meu ver, que ninguém responderia a uma questão construída dessa maneira. E se ele dissesse a ti: "O que dizes, Trasímaco?... não deverei eu dar nenhuma das respostas que mencionaste, nem sequer se acontecesse ser o doze uma dessas coisas? Estou perplexo. Queres que eu diga algo que não seja a verdade? Ou queres dizer uma outra coisa?". Que resposta darias a ele?

Trasímaco

E pensas que esses dois casos são análogos?

Sócrates

E por que não deveriam ser? Mas mesmo que não fossem análogos, ainda assim se parece à pessoa a quem dirigiste a pergunta que são análogos, supões que seja menos provável que ela lhe dê a resposta que se lhe afigura correta, quer a proibamos ou não de fazê-lo?

Trasímaco

É isso o que vais fazer? Dar uma das respostas interditas?

Sócrates

Não seria surpreendente que o fizesse desde que fosse aquela que me parece certa após ter investigado a matéria.

Trasímaco

E se eu apresentasse uma resposta acerca da justiça diferente de todas essas... e melhor? Que punição julgas que merecerias?

Sócrates

Ora, quer mais do que a punição adequada ao ignorante, que é aprender de quem sabe? E, portanto, seria essa a punição merecida por mim.

Trasímaco

Aprecio tua simplicidade; mas, além de aprender com quem sabe, deves pagar uma multa em dinheiro.

Sócrates

Eu o farei logo que dispor de dinheiro.

Gláucon

Na verdade, ele já dispõe, se é uma questão de dinheiro, fala Trasímaco, pois todos nós colaboraremos com Sócrates.

Trasímaco

Ah, sim, para que Sócrates se comporte como de hábito. Ele próprio não fornece uma resposta e, então, quando alguém mais fornece uma, ele colhe o raciocínio e o refuta.

Sócrates

Como pode alguém dar uma resposta se a desconhece e se não alega que a conhece, e se um homem eminente o proíbe de manifestar a opinião que tem? É muito mais conveniente para ti dar a resposta, já que dizes que a conheces e pode nos comunicar. Assim, faz isso como um favor para mim e concede sem relutância tua sabedoria a Gláucon e aos outros.

Enquanto eu dizia isso, Gláucon e os outros insistiam para que ele falasse. Era evidente que Trasímaco julgava dispor de uma boa resposta, que estava ansioso para discursar e que desejava conquistar a admiração deles ao apresentar sua resposta, mas fingia querer que fosse eu quem respondesse à questão. Afinal, aquiesceu.

Trasímaco

Eis aí a sabedoria de Sócrates; ele próprio não se predispõe a ensinar, mas vai de um lugar a outro aprendendo dos outros e nem sequer lhes é grato por isso.[19]

Sócrates

Quando dizes que aprendo com os outros, estás certo, Trasímaco, mas quando dizes que não sou grato [a eles], estás equivocado, pois isso não é verdade. Demonstro a gratidão que posso, mas visto que não tenho dinheiro só posso retribuir com louvores. Mas com que entusiasmo eu os faço quando alguém parece discursar bem, o que saberás logo que tenhas respondido, pois penso que discursarás bem.

---

19. Ver *Crátilo*, em *Diálogos VI*, obra publicada em *Clássicos Edipro*.

Trasímaco

Pois bem, então ouve: digo que *o justo nada mais é senão a vantagem do mais forte*.[20] E agora, por que não me louvas? Ou tudo farás menos isto?

Sócrates

É necessário, primeiramente, que te compreenda, pois ainda não sei o que queres dizer. Dizes que *a vantagem do mais forte* é o justo. Mas afinal, Trasímaco, o que queres dizer com isto? Por certo não queres dizer algo deste teor: Polidamas, o lutador de pancrácio,[21] é mais forte do que nós; constitui sua vantagem comer carne bovina para moldar e assegurar sua força física e, portanto, esse tipo de alimento é também vantajoso e justo para nós que somos mais fracos do que ele.

Trasímaco

Repugnas-me, Sócrates! Teu ardil consiste em considerar minha afirmação no ponto em que se mostre a mais vulnerável para os teus golpes destrutivos.

Sócrates

Em absoluto! Mas explicita com mais clareza o que queres dizer.

Trasímaco

Não sabes que alguns Estados são governados por tiranos, que em outros o governo é democrático e em outros, aristocrático?

---

20. Ver *Teeteto*, em *Diálogos I*, e *As Leis*, obras publicadas em *Clássicos Edipro*.
21. Misto de luta livre e pugilato.

SÓCRATES

É claro.

TRASÍMACO

E não é a parte governante a dominante [e mais forte][22] em cada um dos Estados?

SÓCRATES

Certamente.

TRASÍMACO

E cada forma de governo cria leis para sua própria vantagem. A democracia cria leis democráticas, a tirania cria leis tirânicas e assim por diante no que concerne às outras formas. E declaram o que criaram[23] – aquilo que é para sua própria vantagem – como o justo para os seus súditos, punindo qualquer um que o contrarie como transgressor da lei e injusto. É isto, então, que digo ser a justiça, princípio idêntico em todos os Estados, sempre a vantagem do governo estabelecido. Uma vez que o governo estabelecido é seguramente mais forte, qualquer um que raciocine corretamente concluirá que o justo é o mesmo em todo lugar, a saber, *a vantagem do mais forte*.

SÓCRATES

Bem, agora compreendo o significado de tuas palavras. Se é verdadeiro ou não, tentarei descobrir. Mas respondeste [à questão] que o justo é o vantajoso, Trasímaco, embora me proibiste de dar essa resposta. É verdade que acrescentaste "ao mais forte".

---

22. Platão emprega o termo enfaticamente, de modo a inserir ou reforçar a ideia de "mais forte".
23. Ou seja, as leis.

TRASÍMACO

E suponho que julgas que se trata de um acréscimo insignificante.

SÓCRATES

Não está claro ainda se é significativo. Mas está claro que precisamos investigar se é verdadeiro ou não. Concordo que o justo é *alguma espécie de vantagem*. Mas acrescentaste que é *a do mais forte*. Tenho dúvidas a respeito disso. Teremos de sondá-lo.

TRASÍMACO

Vai em frente e *sonda*.

SÓCRATES

Sondaremos.[24] Diz-me. Não afirmas também que é justo obedecer aos governantes?

TRASÍMACO

Afirmo.

---

24. Embora Sócrates atue como o único interlocutor de Trasímaco, ele prefere geralmente o *nós* ao *eu*, não tanto porque conta com o apoio da maioria dos ouvintes, mas principalmente porque o próprio interlocutor, no caso Trasímaco, é absolutamente indispensável à aplicação do seu método de investigação para alcançar a verdade, que é a maiêutica. Platão faz questão de deixar claro que o sofista Trasímaco nega a cada segundo o método socrático usando o pronome singular ao dirigir-se a Sócrates. Trasímaco é rude, hostil, seco e provocativo, levando tudo para o lado pessoal, segundo o retrata Platão. O leitor deve lembrar que Trasímaco de Calcedônia, como a grande maioria dos "personagens" dos diálogos de Platão, foi um ser humano real e histórico tanto quanto Sócrates e Platão e não uma figura fictícia. Mesmo que Trasímaco tenha sido, de fato, essa pessoa quase intratável conforme o retrata Platão, deve-se ter em mente que nem todos os sofistas – Protágoras, por exemplo – tinham tal temperamento e personalidade.

SÓCRATES

E são os governantes em todos os Estados infalíveis ou são passíveis de erros?

TRASÍMACO

Não há dúvida que são passíveis de erros.

SÓCRATES

Quando se empenham na produção de leis, portanto, produzem algumas corretamente, outras incorretamente?

TRASÍMACO

É o que suponho.

SÓCRATES

E uma lei é correta se prescrever o que é vantajoso aos governantes e incorreta se prescrever o que lhes é desvantajoso. É isto que queres dizer?

TRASÍMACO

Sim.

SÓCRATES

E toda lei que eles criarem deverá ser respeitada por seus súditos, sendo isso o justo?

TRASÍMACO

É claro.

SÓCRATES

Bem, então, conforme a tua teoria, é justo fazer não apenas o que é vantajoso ao mais forte, como também o oposto, o que não lhe é vantajoso.

Trasímaco
O que estás dizendo?

Sócrates
O mesmo que dizes. Mas examinemos isso com maior rigor. Não concordamos que, dando ordens aos seus governados, os governantes às vezes incorrem em erro quanto ao que é o melhor para eles próprios e que, apesar disso, é justo para os seus governados fazer seja lá o que for que os seus governantes ordenam? Não foi isso admitido por nós?

Trasímaco
Penso que sim.

Sócrates
Então, tens também de pensar que concordaste que é justo fazer o que é desvantajoso aos governantes e àqueles que são mais fortes sempre que ordenarem não intencionalmente [e por equívoco] o que é mau para eles próprios. Mas também dizes que é justo *para os outros* obedecer às ordens que dão. És superlativamente hábil, Trasímaco, mas não se segue necessariamente disso que é justo fazer o oposto do que disseste, uma vez que os mais fracos são, então, ordenados a fazer o que é desvantajoso aos mais fortes?

Polemarco
Por Zeus, Sócrates, isso está absolutamente claro.

Clitofon
Sem dúvida, se te prestares a ser sua testemunha.[25]

---

25. Ou seja, testemunha a favor de Sócrates.

Polemarco

E quem precisa de uma testemunha? O próprio Trasímaco concorda que os governantes às vezes ordenam o que é mau para eles próprios e que é justo que os outros [os obedeçam] e executem o que lhes foi ordenado.

Clitofon

Isso, Polemarco, porque Trasímaco sustentou que é justo obedecer às ordens dos governantes.

Polemarco

Ele também sustentou, Clitofon, que a vantagem do mais forte é o justo; e tendo sustentado os dois princípios, admitiu na sequência que às vezes o mais forte dá àqueles que são mais fracos do que ele – em outras palavras, aos seus governados – ordens que são a ele mesmo, o mais forte, desvantajosas. A partir de tudo isso que foi admitido, conclui-se que o que é vantajoso ao mais forte não é mais justo do que aquilo que não lhe é vantajoso.

Clitofon

Mas ele afirmou que a vantagem do mais forte é o que o mais forte acredita ser sua vantagem. Isso é o que o mais fraco tem de fazer e isso é o que ele sustentou ser o justo.

Polemarco

Não foi isso que ele afirmou.

Sócrates

Não faz diferença, Polemarco. Se Trasímaco quiser formular as coisas dessa forma agora, aceitemo-lo. Diz-me, Trasímaco, é isso que quiseste dizer que é o justo, a saber, aquilo que o mais forte acredita lhe ser vantajoso, ainda que de fato lhe seja vantajoso ou não o seja? É isso que devemos entender que queres dizer?

Trasímaco

De modo algum. Achas que eu classificaria alguém que incorre em erro como o mais forte no exato momento em que erra?

Sócrates

Realmente pensei que era isso o que querias dizer quando concordaste que os governantes não são infalíveis, mas passíveis de erro.

Trasímaco

Isso acontece porque argumentas como um rábula, Sócrates. Quando alguém comete um erro no tratamento de um paciente, o qualificas como um médico relativamente ao próprio erro? Ou quando alguém comete um erro de contabilidade, o classificas como um contador relativamente àquele específico erro de cálculo? Penso que nos expressamos mediante palavras que, tomadas na literalidade, efetivamente exprimem que um médico incorre em erro, um contador ou um mestre-escola[26]. Mas cada um desses, na medida em que é o que o qualificamos, jamais erra, de maneira que falando com precisão – já que és tolamente insistente quanto a precisões – nenhum profissional[27] jamais erra. É quando o seu conhecimento lhe falta que ele comete um erro, e no que tange a esse erro ele não é profissional algum. Nenhum profissional, sábio

---

26. Professor primário que ensina a ler e escrever.
27. Literalmente, artesãos, operários ou, menos especificamente, "artistas", todos aqueles que exercem a arte manual, que incluía tanto tecelões e escultores quanto contadores e médicos.

ou governante comete um erro no momento em que está governando, ainda que todos digam que um médico ou um governante comete erros. É nesse sentido amplo que deves compreender a resposta que apresentei há pouco. Mas a resposta mais precisa é esta: um governante, na medida em que é um governante, jamais comete erros, e não errando decreta o que é melhor para si próprio, e isso os seus governados têm de cumprir. Assim, como afirmei desde o início, é justo fazer o que é vantajoso ao mais forte.

Sócrates

Muito bem, Trasímaco. Então pensas que sou um rábula?[28]

Trasímaco

Certamente és.

Sócrates

E pensas que propus as questões que propus a fim de prejudicar-te na discussão?

Trasímaco

Estou bem ciente disso, mas não te trará nenhum proveito. Nunca serás capaz de me envolver nas tuas artimanhas, de modo que não podes me prejudicar dessa

---

28. Literalmente, *portador de figos*. Na linguagem corrente dos gregos essa expressão designava aquele que denunciava os ladrões de figos de figueiras consagradas ou os contrabandistas de figos que os exportavam. Por extensão, a palavra adquiriu um sentido derivativo e pejorativo de delator e, também, caluniador. Entretanto, Platão usa o termo aqui em uma acepção técnica para designar aquele que na discussão filosófica faz uso de sofismas. Mas alertamos o leitor que não se deve confundir *sofismador* ou *rábula* com *sofista*. O pensador que utiliza raciocínios sutis e tortuosos com alguma premissa falsa na estrutura do silogismo pode ser um sofista ou *não*.

maneira, e sem artimanhas jamais serás capaz de me superar na discussão.

Sócrates

Eu sequer tentaria tal coisa, Trasímaco. Mas para evitar que esse tipo de coisa ocorra novamente, define claramente se entendes no sentido *ordinário* ou no sentido *preciso*, de que acabas de falar, os termos governante e mais forte, cuja vantagem disseste que é justo para o mais fraco promover.

Trasímaco

Quero dizer o governante no sentido mais preciso. Agora utiliza os teus maliciosos meios furtivos e os teus sofismas contra isso se puderes – não quero complacências de ti –, mas certamente não serás capaz de fazê-lo.

Sócrates

Achas que sou suficientemente louco a ponto de tosar um leão e tentar ser um rábula contra Trasímaco?[29]

Trasímaco

Por certo acabaste de tentar, embora tenhas nisso também saído como um perdedor.

Sócrates

Basta. Diz-me: é um médico no sentido preciso da palavra, o que mencionaste antes, um ganhador de dinheiro[30] ou alguém que trata doentes? Não deixa de indicar-me aquele que é realmente um médico.

---

29. Empregando um provérbio, Sócrates persiste comparando Trasímaco a feras.
30. Crítica velada à atividade remunerada dos sofistas.

TRASÍMACO

É aquele que trata doentes.

SÓCRATES

E quanto a um piloto de navio? É um piloto no sentido preciso um comandante de marinheiros ou um marinheiro?

TRASÍMACO

Um comandante de marinheiros.

SÓCRATES

Não deveríamos levar em consideração o fato de que ele navega em um navio e ele não deveria ser classificado como um marinheiro por essa razão, porque não é devido ao fato de ele navegar que é qualificado como um piloto, mas em razão de sua arte e seu comando sobre os marinheiros?

TRASÍMACO

Isso é verdade.

SÓCRATES

E com relação a cada um deles não existirá algo que lhes seja vantajoso?

TRASÍMACO

Certamente.

SÓCRATES

E não têm as respectivas artes que lhes cabem naturalmente o objetivo de buscar e proporcionar a cada um a sua vantagem?

TRASÍMACO

Têm.

SÓCRATES

E existe alguma vantagem para cada uma das próprias artes além de ser tão completa ou perfeita quanto possível?

TRASÍMACO

Que pergunta é essa?

SÓCRATES

Se me perguntasses se nossos corpos são autossuficientes ou se necessitam de algo mais, eu responderia: "Eles certamente têm necessidades; e por causa disso, pelo fato de nossos corpos serem deficientes em lugar de autossuficientes, foi criada a arte da Medicina, a qual foi desenvolvida para proporcionar o que é vantajoso ao corpo.". Crês que estou certo ao dizer isso ou não?

TRASÍMACO

Estás certo.

SÓCRATES

Ora, a Medicina é deficiente? Necessita uma arte alguma virtude adicional, como os olhos necessitam da visão e os ouvidos, da audição, de forma que outra arte é necessária para a busca e a concessão do que é vantajoso a elas? Possui uma arte, ela própria, alguma deficiência similar, de maneira que cada arte necessita de uma outra que busque a sua vantagem? E necessita a arte que efetua a busca, por sua vez, uma outra, e assim *ad infinitum*? Ou cada uma busca a sua própria vantagem por si mesma? Ou não necessita nem a si mesma, nem uma outra arte para buscar o que lhe é vantajoso devido às suas próprias deficiências? Ou não há deficiência alguma ou erro algum em qualquer arte? E tampouco cabe a uma arte buscar a vantagem de qualquer outra coisa, exceto a de seu próprio objeto? E que, visto ser a arte ela mesma correta, está isenta seja de falhas, seja de impurezas enquanto for integral e precisamente a arte que é? Julga isso com a precisão de linguagem que mencionaste. É assim ou não?

TRASÍMACO

Parece ser assim.

SÓCRATES

Então a Medicina não busca sua própria vantagem, mas a vantagem do corpo?

TRASÍMACO

Sim.

SÓCRATES

E a criação de cavalos não visa a sua própria vantagem, mas àquela dos cavalos? Na verdade, nenhuma outra arte visa a sua própria vantagem – já que não tem necessidades adicionais –, salvo a vantagem daquilo de que é a arte?

TRASÍMACO

É o que parece.

SÓCRATES

Agora, certamente Trasímaco, as artes governam e são mais fortes do que as coisas que constituem os seus objetos?

Ele o admitiu também, ainda que com muita relutância.

SÓCRATES

Portanto, nenhum tipo de conhecimento visa ao ou ordena o que é vantajoso a ele próprio, mas o que é vantajoso [ao seu objeto], que é mais fraco e está submetido a ele.

Tentou contestar essa conclusão, mas acabou por aceitá-la.

SÓCRATES

Então, com certeza, nenhum médico, enquanto for um médico, visa ou ordena o que é vantajoso para ele próprio, mas sim o que é vantajoso ao seu paciente. Concordamos que um médico, no sentido preciso da palavra, é quem controla os corpos e não uma pessoa que ganha dinheiro. Não concordamos?[31]

TRASÍMACO

Sim.

SÓCRATES

Assim, um piloto de navio no sentido preciso da expressão é um comandante de marinheiros e não um marinheiro?

TRASÍMACO

Foi o que concordamos.

SÓCRATES

Não se infere disso que um piloto ou comandante de navio não visará o que é vantajoso para si próprio, mas o que é vantajoso a um marinheiro?

---

31. Estritamente, embora isso não afete essencialmente o método socrático, aquilo a que Trasímaco assentiu foi que um médico no sentido preciso é alguém que *trata doentes* e não quem controla os corpos. De qualquer modo, o que Sócrates quer dizer é que o médico, ao exercer seu mister, tem controle sobre os corpos dos pacientes.

Ele concordou relutantemente.

Sócrates

Portanto, Trasímaco, ninguém em qualquer posição de comando, na medida em que exerce um governo, visa ou ordena o que é vantajoso a si mesmo, mas o que é vantajoso aos seus governados, os quais são o objeto de sua arte. É daqueles que estão submetidos ao seu governo e do que é vantajoso e apropriado para eles que ele cuida, e tudo que ele diz e faz, o diz e faz a favor deles.

Quando atingimos esse ponto da discussão, em que para todos ficou claro que a sua definição de justiça fora invertida,[32] ao invés de responder[33], perguntou:

Trasímaco

Diz-me, Sócrates, tens ainda uma ama de leite?[34]

Sócrates

O que queres dizer? Por que não respondes às minhas perguntas em lugar de me fazer tais perguntas?

Trasímaco

Porque ela está te deixando andar por aí com um nariz sujo e não o limpa quando precisa fazê-lo! Afinal, ela sequer te ensinou a respeito da diferença entre ovelhas e pastores.

---

32. Isto é, de *o justo é a vantagem do mais forte* passou para *o justo é a vantagem do mais fraco*.
33. Leia-se *dar o assentimento final*.
34. Ver *Protágoras*, em *Diálogos I*, obra publicada em *Clássicos Edipro*.

Sócrates

E o que é que eu exatamente não sei [a respeito]?

Trasímaco

Pensas que pastores e vaqueiros visam ao benefício de suas ovelhas e de seu gado, os engordam e deles cuidam objetivando algo além do proveito de seus senhores e o deles próprios.[35] Ademais, crês que os governantes dos Estados – quero dizer, governantes *reais* – pensam a respeito de seus governados diferentemente dos pastores em relação às suas ovelhas, e que noite e dia se ocupam em considerar algo distinto de suas próprias vantagens. Estás tão longe da compreensão no que toca à justiça e ao que é o justo, à injustiça e o que é injusto, que não compreendes que a justiça é realmente o bem de uma outra pessoa,[36] a vantagem do mais forte e do governante e a desvantagem daquele que obedece e serve. A injustiça é o oposto e governa os verdadeiramente simples e justos, e assim sendo governados realizam o que é vantajoso ao mais forte, tornando feliz aquele a quem servem, mas a si mesmos de modo algum. Deves encarar a matéria da seguinte maneira, meu ingênuo Sócrates: um homem justo sempre obtém menos do que um injusto. Em primeiro lugar, nos contratos mútuos, jamais constatarás, uma vez encerradas as sociedades, que um sócio justo ficou com mais

---

35. Ou seja, vender os animais no mercado a bom preço, transformá-los em alimento, agasalhos para o inverno etc. A analogia de Trasímaco é excelente e de dificílima refutação: qual é a vantagem dos animais, que representam aqui os súditos e os mais fracos. Absolutamente nenhuma.

36. Sobre a justiça, ver também Aristóteles em *Ética a Nicômaco* (*Livro V*), obra publicada em *Clássicos Edipro*.

do que um sócio injusto, ficando invariavelmente com menos. Em segundo lugar, nos assuntos concernentes ao Estado, quando se trata de pagar tributos, no que se refere a uma idêntica propriedade, o homem justo paga mais e o injusto, menos; entretanto, quando o Estado se põe a distribuir a riqueza, o justo nada obtém, ao passo que o injusto se locupleta. Finalmente, quando cada um deles ocupa uma posição administrativa em um cargo público, um indivíduo justo, mesmo que não seja penalizado de outras formas, acaba por ver seus negócios privados arruinados porque tem de negligenciá-los, não auferindo nenhuma vantagem dos cofres públicos *porque é justo* e sendo odiado por seus parentes e conhecidos quando se nega a fazer-lhes um favor que envolve injustiça. Em todos os aspectos ocorre o contrário com um homem injusto. E, portanto, repito o que disse antes: uma pessoa de grande poder sobrepuja a todas as demais. Considera esse tipo de pessoa se quiseres aquilatar quão mais vantajoso é para o indivíduo ser injusto de preferência a ser justo. Entenderás isso com suma facilidade se volveres o olhar para a mais consumada injustiça, aquela que torna extremamente feliz o que a cometeu e extremamente desgraçadas as suas vítimas, que não se dispõem a cometer injustiças. Isso se chama tirania, a qual mediante meios furtivos ou força se apropria dos bens alheios, sejam esses sagrados ou profanos, públicos ou privados – não aos poucos, mas em um só golpe. Se alguém perpetra a injustiça apenas parcialmente e é pego, é punido e se torna objeto de intensa reprovação – esses indivíduos parcialmente injustos são denominados ladrões de templos, sequestradores, gatunos, assaltantes e ladrões ordinários sempre que cometem esses crimes. Mas quando alguém, além de se apoderar dos seus bens, sequestra e escraviza os cidadãos, ao invés de receber esses nomes vergonhosos, é qualificado de feliz e bem-aventurado, não apenas pelos próprios cidadãos, como por todos que sabem que ele cometeu a mais completa injustiça.[37] Aqueles que reprovam a injustiça o fazem porque temem não a cometer, mas sofrê-la. Assim, Sócrates, a injustiça, se for em uma escala suficientemente grande, será mais forte, mais livre e mais poderosa do que a justiça. E como disse desde o começo, o justo é o que é vantajoso ao mais forte, enquanto o injusto é o que é lucrativo e vantajoso ao interesse pessoal de quem o põe em prática.[38]

---

37. Ver *Ética a Nicômaco*, de Aristóteles.
38. Este célebre discurso de Trasímaco pode ser encarado de várias formas. Uma delas, a mais corrente e tradicional, é vê-lo como a apologia da injustiça, da força e do poder tirânico, aninhando em seu bojo sinistro a *vantagem do mais forte* guindada em um paradoxo delirante a formadora de uma concepção de justiça. Entretanto, há uma outra forma de abordar esse discurso completamente distinta: Trasímaco, na sua secura e amargura, limita-se a retratar fatos humanos, enquanto Sócrates atém-se a ideais que possam transcender esses fatos prosaicos e desagradáveis. Platão teoriza e com base em um conceito superior de justiça construirá o seu Estado ideal, que, a despeito da marcante influência intelectual de *A República*, permanecerá *ideal*... mais de vinte e quatro séculos após tê-lo concebido. Não há como negar alguns fatos indicados por Trasímaco, como a presença de homens injustos se enriquecendo à custa do tesouro do Estado e da apropriação dos bens dos cidadãos privados, e o desprestígio e empobrecimento atingindo os homens honestos e justos, que arcam com o pagamento da maior carga tributária; são realidades demasiado visíveis e frequentes até os dias de hoje para que hipócrita ou ingenuamente as neguemos. Um outro anatomista desapaixonado dos fatos humanos chamado Maquiavel fará quase dois mil anos depois discursos semelhantes ao do ríspido e antipático Trasímaco. Ideias e doutrinas podem ser contestadas, fatos não. A esperança de Sócrates e de Platão é que os fatos pudessem ser alterados por força das ideias.

Tendo inundado nossos ouvidos de uma vez com essa torrente de palavras como um banhista, Trasímaco quis ir embora. Mas os presentes não o permitiram, e o fizeram ficar para que realizasse uma exposição do que dissera. Também eu insisti para que ficasse.

Sócrates

Depois de despejar esse discurso sobre nossas cabeças, Trasímaco, pretendes ir embora antes de nos instruir adequadamente ou apurar se estás certo ou não? Ou pensas que é matéria de somenos determinar que conduta de vida na sua totalidade tornaria o viver mais digno para cada um de nós?

Trasímaco

É isto que te parece que eu penso?

Sócrates

Ou isto ou não te importas de modo algum conosco e não te preocupas se viveremos existências melhores ou piores devido a nossa ignorância do que dizes saber. Portanto, mostra alguma boa vontade no sentido de nos ensinar o que sabes. Não seria para ti um mau investimento ser o benfeitor de um grupo tão grande quanto este. De minha parte, declaro-te que não estou convencido. Não creio que a injustiça seja mais vantajosa do que a justiça, ainda que dês a ela total espaço e não ponhas obstáculo algum em seu caminho. Supõe que haja uma pessoa injusta e supõe que realmente possui o poder de fazer injustiças, seja por meio de atos furtivos ou atos francos de agressão; não obstante isso, não me persuadirá de que a injustiça é mais vantajosa do que a justiça.

Talvez alguém aqui, além de mim mesmo, experimente algo que seja idêntico ao que experimento. Assim, vai em frente e nos convence de que estamos errados ao atribuir maior valor à justiça do que à injustiça no planejamento de nossas vidas.

Trasímaco

E como fazê-lo se não ficaste convencido com o que acabei de dizer? Que mais posso fazer? Terei de pegar meu argumento e despejá-lo à força no interior de tua própria alma?

Sócrates

Por Zeus, não o faças! Mas para começar prende-te ao que disseste e se mudares tua posição o faças abertamente sem nos enganar. Percebes, Trasímaco, que tendo definido o verdadeiro médico – prosseguindo no exame das coisas que disseste antes – não consideraste necessário depois manter a coerência e definir com precisão o verdadeiro pastor. Refletiste que, na medida em que é um pastor, ele engorda as ovelhas não tendo em vista o que é melhor para as ovelhas, mas sim um lauto banquete, como um convidado prestes a ser recepcionado em uma grande festa, ou em uma venda futura, como um homem de negócios ganhador de dinheiro e não um pastor. O pastoreio com certeza concerne somente a como prover o que é melhor ao seu objeto [o rebanho], sendo ele mesmo – o pastoreio – adequadamente suprido de tudo que lhe é necessário para se conservar em sua melhor condição de sorte a não se mostrar insuficiente, de modo algum, para ser a arte do pastor. Essa é a razão por que julguei necessário para nós antes entrarmos em um consenso de que todo tipo de governo, na medida em que governa, nada visa senão o que é o melhor em favor das coisas que governa e das quais cuida, o que é verdadeiro tanto no que tange às formas públicas de governo quanto ao que tange às formas privadas. Mas crês que aqueles que governam os Estados – os *verdadeiros* governantes – os governam voluntariamente?

Trasímaco
Por Zeus! Eu não acho... sei que é assim.

Sócrates
Mas, Trasímaco, não compreendes que em outras formas de governo[39] ninguém quer governar por si só assumindo todos os encargos, mas, pelo contrário, solicita um pagamento, entendendo que sua atividade como governo não beneficiará a ele próprio, mas sim aos seus governados? Diz-me: não diferem todas as artes entre si pelo fato de apresentar uma função distinta? Por favor, não dês uma resposta contrária ao que crês[40] para que possamos chegar a alguma conclusão definida.

Trasímaco
Sim, é o que as diferencia.

Sócrates
E cada arte nos beneficia de um modo que lhe é peculiar, diferente das outras. Por exemplo, a Medicina nos proporciona saúde, a Náutica nos proporciona segurança enquanto navegamos e assim por diante quanto às demais.

---

39. *Governo* no mais amplo sentido da palavra e não apenas no sentido estritamente político; mando, comando, controle, autoridade.
40. Ver *Górgias*, em *Diálogos II*, obra publicada em *Clássicos Edipro*.

> **TRASÍMACO**
> Certamente.

> **SÓCRATES**
> E o ofício do assalariado[41] não proporciona salários, uma vez que é essa a sua função? Ou classificarias a Medicina identicamente à Náutica? De fato, se pretendes definir

---

41. Literalmente, ofício ou profissão de *mercenário*. A palavra *mercenário* adquiriu um sentido diferente e específico (o comandante militar ou soldado que presta serviços por dinheiro), além de pejorativo. Na Grécia antiga nem todas as artes, os ofícios e as profissões eram *remunerados*. Não apenas o escravo (que não era considerado pessoa, mas propriedade) trabalhava sem nada ganhar, como a mulher (esposa e filha) a despeito de suas muitas atividades domésticas; mesmo professores e homens que assumiam determinados cargos públicos também nada ganhavam. O próprio Sócrates, *mestre e filósofo* andarilho, não era remunerado, vivendo basicamente graças à ajuda de seus amigos e discípulos. Os primeiros professores de escolas (como Isócrates em Atenas) e professores particulares itinerantes (como Protágoras, Hípias, Pródico e Górgias), os chamados *sofistas*, feriram os costumes e tradições de Atenas por solicitarem pagamento por suas aulas. Sócrates, Platão e Aristóteles (os três mais importantes filósofos da Grécia) não lhes poupam críticas por isso, embora também, é claro, os ataquem no campo das ideias. O outro aspecto é que, não só na Grécia antiga, como em todos os lugares e em todos os tempos, nem toda fonte de renda é o salário; há inúmeras pessoas que vivem de fontes de renda distintas do salário obtido por uma atividade profissional. Platão e Aristóteles, por exemplo, jamais exerceram uma arte ou profissão (*tekhne*) que lhes rendesse dinheiro para sobreviverem. Platão pertencia a uma família abastada e o Estagirita, embora oriundo de uma modesta cidade, tivera um pai que fora médico de um rei da Macedônia, ele mesmo, Aristóteles, se transferindo mais tarde para a corte de Pela, onde se tornou preceptor de Alexandre a expensas de Felipe II. Que o leitor saiba, entretanto, que tal como Sócrates, nem Platão nem Aristóteles tinham particular apego ao dinheiro – eram demasiado sábios para isso! Durante anos eles mantiveram suas escolas abertas (a Academia e o Liceu) sem exigir pagamento dos discípulos.

as matérias com precisão, como propuseste, mesmo se alguém que é um piloto ou capitão de navio se torna saudável porque navegar faz bem à sua saúde, não classificarias, por essa razão, seu ofício ou profissão de medicina?

TRASÍMACO

Certamente não.

SÓCRATES

Tampouco classificarias de medicina a atividade de assalariado mesmo que alguém se tornasse saudável enquanto ganhasse seus salários?

TRASÍMACO

Por certo que não.

SÓCRATES

E nem classificarias de profissão de assalariado a Medicina mesmo que alguém recebesse pagamento por exercer a arte da cura?

TRASÍMACO

Não.

SÓCRATES

Concordamos, então, que cada arte ou profissão traz seu próprio benefício particular?

TRASÍMACO

De fato traz.

SÓCRATES

Então, seja qual for o benefício que todos os profissionais recebam em comum, deverá claramente resultar de sua prática conjunta de alguma arte adicional que beneficie cada um deles.

TRASÍMACO

É o que parece.

SÓCRATES

E dizemos que a arte adicional em questão que beneficia os profissionais rendendo-lhes salários é o ofício do assalariado?

Trasímaco assentiu com relutância.

SÓCRATES

Consequentemente, esse benefício, a saber, ganhar salários, não é o resultado da arte particular de cada um, mas, se nos dispormos a examiná-lo *com precisão*, veremos que a Medicina produz saúde enquanto o ofício de assalariado produz salários; a construção produz casas e o ofício de assalariado que a acompanha produz salários, o mesmo ocorrendo com as outras artes ou profissões. Cada uma delas cumpre a sua própria tarefa e beneficia o seu próprio objeto. Mas, a menos que salários ou pagamentos sejam acrescentados, há algum benefício que o profissional recebe de sua arte ou profissão?

TRASÍMACO

Aparentemente nenhum.

SÓCRATES

Mas ainda assim ele produz um benefício ao trabalhar por nada?

Trasímaco

Sim. Creio que ele produz.

Sócrates

Então fica claro agora, Trasímaco, que nenhuma arte, profissão ou governo produz para o seu próprio benefício, mas, como estamos a dizer já há algum tempo, produz em favor de seu objeto – no caso da arte – e em favor do governado, no caso do governo, visando a vantagem do governado, ou seja, a do mais fraco e não a do mais forte. Eis por que eu disse há pouco, Trasímaco, que ninguém voluntariamente opta por governar e assumir os problemas de outras pessoas a fim de resolvê-los, a não ser mediante o recebimento de remuneração, pois qualquer um que pretende exercer esse ofício bem jamais faz ou determina o que é melhor para si mesmo – ao menos quando age conforme é prescrito por seu ofício –, mas o que é melhor para o seu governado. Essa é a razão, segundo parece, de remunerar aquele que esteja disposto a governar, seja sob forma de dinheiro, honras ou uma punição se recusar-se.

Gláucon

O que queres dizer com isso? Reconheço as duas primeiras formas de remuneração, mas não entendo a que punição te referes e como podes qualificá-la de *remuneração*.

Sócrates

Assim sendo, não entendes a forma de pagamento das pessoas mais excelentes, aquela forma que estimula os mais decentes a governar quando estão totalmente dispostos a fazê-lo. Não sabes que o amor pelas honras e o amor pelo dinheiro são censuráveis e com acerto?

GLÁUCON

Sei.

SÓCRATES

É por isso que bons indivíduos não se mostrarão desejosos de governar por dinheiro ou honras. Não querem receber remuneração abertamente pela tarefa de governar porque serão chamados de mercenários, nem recebê-la secretamente pela sua atividade e serem chamados de ladrões. E não governarão pelas honras porque não ambicionam honras. Assim, alguma compulsão ou punição é preciso ser empregada para constrangê-los a governar e, talvez, seja por isso que se julga vergonhoso procurar a atividade de governo antes de ser compelido a ela. Ora, a maior punição no caso de alguém que não deseja governar é ser governado por alguém pior do que ele próprio. E penso que é o receio disso que leva os indivíduos decentes a governarem nas ocasiões em que o fazem. E encaram o governo não como algo bom ou algo a ser desfrutado, porém como algo necessário,[42] uma vez que não pode ser confiado a alguém melhor ou sequer da mesma excelência deles mesmos. Em uma cidade de homens bons[43], se viesse a existir, os cidadãos contenderiam ansiosamente para *não* governarem como o fazem agora para governar. Nesse Estado ficaria absolutamente claro que todo aquele que é realmente um autêntico governante naturalmente não visa à sua própria vantagem, mas à dos seus governa-

---

42. Sobre o binômio *bom* e *necessário*, ver *As Leis*, obra publicada em *Clássicos Edipro*.
43. Não pessoas boas, mas *homens* bons, o que exclui as mulheres, os escravos e os estrangeiros.

dos.[44] E todos, cientes disso, prefeririam ser beneficiados por outros do que assumir o aborrecimento de beneficiá-los. Diante disso, só me resta discordar terminantemente de Trasímaco de que a justiça é a vantagem do mais forte – questão que voltaremos a examinar em outra oportunidade. O que Trasímaco está agora dizendo, ou seja, que a vida de um indivíduo injusto é melhor do que a de um justo, parece ser algo sumamente mais importante. Que existência escolherias, Gláucon? E qual dos nossos pontos de vista consideras mais verdadeiro?

Gláucon

Creio, sem dúvida, que a vida de uma pessoa justa é mais proveitosa.

Sócrates

Ouviste todas as coisas boas relacionadas por Trasímaco há pouco que fazem parte da vida de injustiça?

Gláucon

Ouvi, mas não me convenceram.

Sócrates

Sendo assim, desejarias que o persuadíssemos, se formos capazes de descobrir um meio para fazê-lo, que o que diz não é verdadeiro?

Gláucon

É claro que desejaria.

---

44. Platão prenuncia a doutrina do Estado ideal que será exposta na sequência. Ver *Mênon*, em *Diálogos V*, obra publicada em *Clássicos Edipro*.

Sócrates

Se lhe fizermos oposição com um discurso paralelo indicando as bênçãos da vida justa e ele, então, replicar e replicarmos, por nossa vez, teremos de computar e avaliar as boas coisas mencionadas dos dois lados, e teríamos de contar com um júri para decidir o caso. Mas se, por outro lado, investigarmos a questão, como temos feito, procurando um consenso mútuo, poderemos ser nós mesmos júri e advogados[45] ao mesmo tempo.

Gláucon

Certamente.

Sócrates

Qual dos métodos preferes?

Gláucon

O segundo.

Sócrates

Bem, Trasímaco, retoma o começo e nos responde. Dizes que a completa injustiça é mais vantajosa do que a completa justiça?

Trasímaco

Por certo que disse e também disse a ti o porquê.

---

45. Literalmente, juízes e oradores. Entretanto, Sócrates está pensando claramente em um veredicto e não em uma sentença proferida pelo juiz: quem dá um veredicto é o júri e não o juiz; por outro lado, os discursos a serem pronunciados serão necessária e especificamente de *defesa* das posições das duas partes conflitantes e, portanto, a figura evocada é a do advogado e não propriamente a do orador.

SÓCRATES

Bem, elucida-nos quanto a como te expressarias a respeito. Qualificarias uma delas como virtude e a outra como vício?

TRASÍMACO

Claro que sim.

SÓCRATES

Ou seja, qualificas a justiça de virtude e a injustiça de vício?

TRASÍMACO

Isso é bastante improvável, uma vez que afirmo que a injustiça é vantajosa e a justiça não é.

SÓCRATES

Então, o que queres dizer exatamente?

TRASÍMACO

O oposto.

SÓCRATES

Que a justiça é um vício?

TRASÍMACO

Não, apenas uma generosa candidez.[46]

SÓCRATES

Então qualificas a injustiça como vileza?

TRASÍMACO

Não. Qualifico a injustiça como bom discernimento.

---

46. Trasímaco tem o indivíduo justo na conta de uma pessoa ingênua e de bom coração.

SÓCRATES

Consequentemente, Trasímaco, consideras as pessoas injustas como sendo inteligentes e boas?

TRASÍMACO

Sim, as que são completamente injustas, capazes de submeter Estados e comunidades inteiras ao seu poder. Talvez penses que me refiro aos que se apropriam das bolsas. Não que tais crimes não sejam também vantajosos e lucrativos se não descobertos; mas não são dignos de menção se confrontados com o que estou falando.

SÓCRATES

Não deixo de perceber o que queres dizer. Mas o que me espanta é incluíres realmente a injustiça no elenco da virtude e da sabedoria e a justiça naquele dos seus opostos.

TRASÍMACO

Decerto que incluo.

SÓCRATES

Isso que propões é extremado e não é fácil agora saber o que dizer. Se houvesses declarado que a injustiça é mais vantajosa, mas tivesses concordado que é um vício ou uma desonra, como fazem alguns outros debatedores,[47] poderíamos ter discutido a matéria com base nos princípios convencionais.[48] Mas agora, obviamente, dirás que

---

47. Sócrates se refere a alguns de seus interlocutores de outros diálogos, tal como Pólo, no *Górgias*, em *Diálogos II*. Ver também *Político*, em *Diálogos IV*, e *As Leis*, obras publicadas em *Clássicos Edipro*.

48. Ou seja, as dicotomias éticas que expressas em antíteses lógicas são tidas como indiscutíveis.

a injustiça é excelente e poderosa e atribuirás a ela todas as qualidades que costumamos atribuir à justiça, uma vez que ousas incluí-la no rol da virtude e da sabedoria.

TRASÍMACO

Atuaste como um profeta prevendo os meus pontos de vista com exatidão.

SÓCRATES

Contudo, não devemos renunciar a prosseguir a discussão enquanto eu puder admitir que estás dizendo o que pensas. E acredito que não estás gracejando agora, Trasímaco, mas dizes o que acreditas ser a verdade.

TRASÍMACO

Que diferença faz para ti o que *eu* acredito ou não? Afinal é o meu ponto de vista que se supõe que estás contestando.

SÓCRATES

De fato, não faz diferença. Mas tenta responder esta outra pergunta: pensas que um indivíduo justo deseja superar um outro indivíduo justo?

TRASÍMACO

De forma alguma, porque nesse caso não seria o polido e ingênuo que é.

SÓCRATES

E ele superaria alguém que realizasse uma ação justa?

TRASÍMACO

Não, nem sequer isso desejaria fazer.

SÓCRATES
E reivindica ele o merecimento de superar uma pessoa injusta, acreditando ser justo para ele fazê-lo, ou não acredita nisso?

TRASÍMACO
Ele desejaria superá-la e se acharia no direito de fazê-lo, mas não teria capacidade para isso.

SÓCRATES
Não é o que perguntei. Indaguei se uma pessoa justa deseja superar uma pessoa injusta mas não uma justa, pensando ser isso o que ela merece.

TRASÍMACO
Deseja.

SÓCRATES
E quanto a um indivíduo injusto? Afirma ele que merece ou lhe cabe superar uma pessoa justa ou alguém que realiza uma ação justa?

TRASÍMACO
É claro que afirma. Ele julga que merece sobrepujar a todos.

SÓCRATES
Então um indivíduo injusto também sobrepujará um outro *injusto* ou alguém que realiza uma ação *injusta* e se empenhará em extrair o máximo que possa de todos?

TRASÍMACO
É o que ele fará.

SÓCRATES

Por conseguinte, formulemos isso assim: um indivíduo justo não supera alguém como ele próprio, mas alguém diferente dele, ao passo que um injusto supera tanto alguém como ele quanto alguém que é diferente dele.

TRASÍMACO

Muito bem formulado.

SÓCRATES

Uma pessoa injusta é inteligente e boa, enquanto uma pessoa justa não é nem uma coisa nem outra?

TRASÍMACO

Isso também está bem formulado.

SÓCRATES

Segue-se, portanto, que um indivíduo injusto se assemelha ao indivíduo inteligente e bom, ao passo que o justo não se assemelha.

TRASÍMACO

Está claro que é assim. Como poderia o injusto deixar de ser semelhante a tal indivíduo se possui as qualidades desse, ao passo que o outro não se assemelha ao indivíduo inteligente e bom?

SÓCRATES

Ótimo. Então cada um deles possui as qualidades dos indivíduos aos quais se assemelham?

TRASÍMACO

É evidente.

SÓCRATES

Muito bem, Trasímaco. Qualificas uma determinada pessoa de músico e uma outra de não músico?

TRASÍMACO

Sim.

SÓCRATES

E qual delas demonstra inteligência musical e qual não a demonstra?

TRASÍMACO

É óbvio que o músico detém inteligência musical, enquanto quem não é músico não é inteligente em matéria de música.

SÓCRATES

E as coisas nas quais ele é inteligente ele também é bom e as coisas nas quais ele não é inteligente ele é mau?

TRASÍMACO

Sim.

SÓCRATES

E o mesmo se revela verdadeiro no tocante a um médico?

TRASÍMACO

Sim.

SÓCRATES

Crês que um músico ao afinar sua lira e ao tensionar e afrouxar as cordas deseja superar um outro músico, afirmando que isso lhe cabe?

Trasímaco

Não creio.

Sócrates

Mas ele desejará sobrepujar alguém que não é músico?

Trasímaco

Necessariamente.

Sócrates

E quanto a um médico? Deseja ele, ao prescrever uma dieta sólida e líquida, superar um outro médico ou alguém que realiza um tratamento médico?

Trasímaco

Seguramente não.

Sócrates

Mas desejará sobrepujar alguém que não é médico?

Trasímaco

Sim.

Sócrates

Em qualquer espécie de conhecimento ou ignorância, achas que uma pessoa que detém conhecimento tentaria intencionalmente superar outras pessoas detentoras de conhecimento ou dizer algo melhor ou diferente do que elas dizem, e não fazer ou dizer precisamente o mesmo que aquelas pessoas que lhe assemelham?

Trasímaco

Bem, talvez seja, com efeito, como dizes.

SÓCRATES

E quanto à pessoa ignorante? Não deseja ela sobrepujar tanto uma pessoa possuidora de conhecimento quanto uma pessoa ignorante?

TRASÍMACO

Provavelmente.

SÓCRATES

E uma pessoa possuidora de conhecimento é inteligente?

TRASÍMACO

Admito que sim.

SÓCRATES

E um indivíduo inteligente é bom?[49]

TRASÍMACO

Concordo que sim.

SÓCRATES

Por conseguinte, uma pessoa boa e inteligente não deseja sobrepujar aqueles que lhe são semelhantes, mas aqueles que são diferentes dela e o seu oposto?

---

49. Para Platão, há um entrelaçamento e uma afinidade entre os atributos intelectuais, morais e existenciais: o indivíduo genuinamente inteligente é bom, justo, corajoso, venturoso, amigo, sábio e cidadão cumpridor das leis do Estado. Em última análise, o ideal de humanidade é o homem detentor de uma somatória harmoniosa de virtudes, que é uma espécie de virtude total. É por isso que Sócrates insiste em aproximar e nivelar as qualidades, conduzindo o interlocutor a reconhecer que é impossível que o indivíduo verdadeiramente justo não obtenha com isto proveitos e uma vida feliz.

TRASÍMACO

É o que parece.

SÓCRATES

Mas uma pessoa má e ignorante deseja sobrepujar tanto os que lhe são semelhantes quanto os que lhe são contrários.

TRASÍMACO

Parece ser assim.

SÓCRATES

Ora, Trasímaco, conviemos que um indivíduo injusto tenta superar os que se lhe assemelham e os que não lhe assemelham. Não foi o que afirmaste?

TRASÍMACO

Foi.

SÓCRATES

E que um indivíduo justo não superará aqueles que lhe são semelhantes, mas somente aqueles que dele diferem.

TRASÍMACO

Sim.

SÓCRATES

Portanto, um indivíduo justo se assemelha a um indivíduo inteligente e bom e um injusto se assemelha a um indivíduo ignorante e mau.

TRASÍMACO

É o que parece provável.

Sócrates
Ademais, concordamos que cada um deles detém as qualidades daquele a que se assemelha.

Trasímaco
De fato, concordamos.

Sócrates
Portanto, o indivíduo justo passou a ser bom e sábio e o injusto, ignorante e mau.

Trasímaco concordou com tudo isso, não tão facilmente como o narro agora, mas com relutância e visível esforço, perturbação e – como estávamos no verão – com tal quantidade de suor que era espantoso observá-lo. E então vi algo que jamais vira antes, Trasímaco enrubescendo.[50] Mas, de qualquer forma, depois de concordarmos que a justiça é virtude e sabedoria e que a injustiça é vício e ignorância.

Sócrates
Bem, tenhamos isso como estabelecido. Porém, dissemos também que a injustiça é poderosa ou não te recordas disso, Trasímaco?

Trasímaco
Recordo-me, mas não estou satisfeito com o que estás agora a dizer. Poderia proferir um discurso em torno disso; porém, se o fizesse, estou ciente de que me acusarias de estar recorrendo à oratória, a um discurso lisonjeador dos ouvintes visando conquistar o favor

---

50. Ver o *Eutidemo*, em *Diálogos II*, obra publicada em *Clássicos Edipro*.

desses.[51] Assim, ou me permites falar ou se quiseres fazer perguntas vai em frente e eu responderei: "Tudo bem", e assentirei ou discordarei mediante um meneio de cabeça, como agimos com as velhas que contam histórias tolas.

SÓCRATES

Não faças tal coisa, que seria contrária ao que tu próprio crês.

TRASÍMACO

Responderei para agradar-te, uma vez que não me permitirás fazer um discurso. O que mais queres?

SÓCRATES

Nada, por Zeus! Mas se isso é o que te dispões a fazer, vai adiante. Farei as minhas perguntas.[52]

TRASÍMACO

Prossegue com as tuas perguntas.

---

51. Preferi traduzir analiticamente; discurso *demagógico* seria cabível desde que retirássemos a forte conotação pejorativa adquirida pelo termo. Demagogia significa simplesmente discurso dirigido ao povo, é claro, visando a convencê-lo e obter o seu apoio, mas não necessariamente a induzi-lo e manipulá-lo politicamente com o objetivo de eleger-se a cargos públicos e auferir vantagens pessoais no exercício desses. O receio e a hesitação de Trasímaco se devem ao fato de que não estaria se dirigindo propriamente ao *povo* (mesmo entendendo por esse o conjunto dos cidadãos atenienses), mas a um grupo seleto de estudantes de Filosofia, cujos integrantes na maioria eram favoráveis a Sócrates.
52. Platão apresenta Trasímaco em uma tentativa de reverter a situação do debate. O sofista procura sagazmente substituir o método socrático pelo recurso à retórica, na qual os sofistas eram mestres incontestes, de forma que pudesse assumir a condução do debate e dar o seu tom. Mas Sócrates não lhe faz concessão alguma, não abrindo mão da maiêutica.

SÓCRATES

Perguntarei o que perguntei antes, de modo a podermos continuar nossa discussão em torno da justiça e da injustiça ordenadamente, pois com certeza foi asseverado que a injustiça é mais poderosa e vigorosa do que a justiça. Mas agora, se reconhecemos que a justiça é realmente sabedoria e virtude, será facilmente demonstrado que é mais vigorosa do que a injustiça, posto que essa é idêntica à ignorância – algo que ninguém poderia agora negar. Entretanto, não desejo formular esse ponto de maneira tão categórica, Trasímaco, mas examiná-lo de uma certa forma. Dirias – suponho – que um Estado poderia ser injusto e tentar escravizar[53] outros Estados injustamente, chegando a escravizá-los e manter muitos deles submetidos.

TRASÍMACO

[Por certo que diria, ao passo que] é aquilo que o melhor Estado teria o maior zelo para executar, o Estado cuja injustiça é a mais completa.

SÓCRATES

Entendo que é essa a tua posição, mas o ponto que desejo perscrutar é o seguinte: o Estado que se torna mais poderoso do que outro obtém esse poder sem justiça ou necessita ele do auxílio da justiça?

TRASÍMACO

Se o que disseste há pouco é válido e a justiça é inteligência ou sabedoria, ele necessitará da ajuda da justiça,

---

53. Platão emprega o termo sempre no âmbito da ideia central e diretriz do binômio poder/mando – fraqueza/submissão, ou seja, a relação fundamental entre um Estado dominador e um Estado dominado é essencialmente a relação entre senhor e escravo.

mas se as coisas forem como eu indiquei, necessitará do auxílio da injustiça.

SÓCRATES

Estou impressionado, Trasímaco, que já não te limitas a dar aprovação ou não mediante um aceno, como também dás excelentes respostas.

TRASÍMACO

Isso é porque procuro agradar-te.

SÓCRATES

Nesse sentido, teu desempenho também é bom. Assim, agrada-me mais respondendo-me o seguinte: crês que um Estado, um exército, um bando de assaltantes ou ladrões ou qualquer outra associação que empreendesse uma ação injusta de interesse comum seria capaz de ter êxito se os integrantes dessas associações fossem injustos entre si?

TRASÍMACO

Certamente não.

SÓCRATES

Mas se tais integrantes não fossem injustos entre si significa que seu êxito seria mais provável?

TRASÍMACO

Certamente.

SÓCRATES

Quer dizer, Trasímaco, que a injustiça produz cisões,[54] ódio e conflitos mortais entre eles, ao passo que a justiça

---

54. Politicamente o sentido é de divisão em facções rivais que se combatem em uma guerra civil (ver *As Leis*, principalmente o *Livro I*).

produz amizade e unidade de pensamento voltada para um propósito comum. É isso?

Trasímaco
Que o seja de modo a não discordar de ti.[55]

Sócrates
Continuas excelente nesse sentido e assim sendo responde-me: se o efeito produzido pela injustiça é o ódio em todo lugar em que ela impera, deveremos concluir que quando se faz presente, quer entre homens livres, quer entre escravos, não os fará se odiarem mutuamente, lançarem-se em uma guerra civil e os impedir de atingir qualquer propósito comum?

Trasímaco
Por certo [que deveremos concluí-lo].

Sócrates
E se fizer-se presente entre duas pessoas? Não entrarão elas em desentendimento, não se odiarão tornando-se inimigas entre si e das pessoas justas?

Trasímaco
É assim que agirão.

Sócrates
A injustiça perde seu poder de causar dissensão quando se faz presente no âmbito de um único indivíduo, ou seu poder se mantém intacto?

---

55. Trasímaco abandonou a hostilidade, secura e rudeza para exibir uma postura de dúbia condescendência mesclada com cinismo. Sócrates permanece imperturbável.

Trasímaco

Digamos que se mantém intacto.

Sócrates

Parece, então, que a injustiça detém o poder *primeiramente* de tornar – seja onde for que esteja presente, em uma cidade, uma família, um exército ou qualquer outro grupo –, esses grupos incapazes de atingir qualquer coisa como uma unidade devido às guerras civis e dissensões criadas por ela e, em segundo lugar, torna essa unidade inimiga de si mesma e daquilo que é em todos os aspectos o seu oposto, ou seja, a justiça. Não é assim?

Trasímaco

Certamente.

Sócrates

E mesmo em um indivíduo isolado produz, devido à sua natureza, o mesmíssimo efeito. Em primeiro lugar, o torna incapaz de atingir qualquer coisa porque se encontra em um estado de guerra interna e desarmonia consigo mesmo; em segundo lugar, faz dele o próprio inimigo de si mesmo bem como o inimigo de pessoas justas. Não é esse o efeito que produz?

Trasímaco

Sim.

Sócrates

E os deuses? São também justos?

Trasímaco

Que se admita que sim.

SÓCRATES

Consequentemente, uma pessoa injusta é também uma inimiga dos deuses, Trasímaco, ao passo que uma justa é sua amiga!

TRASÍMACO

Goza o teu festim de palavras! Não teme que não me oporei a ti, o que faria as pessoas aqui presentes me odiarem.[56]

SÓCRATES

Completa meu festim, então, prosseguindo com as tuas respostas, como fizeste até agora. Demonstramos que pessoas justas são mais inteligentes, mais sábias e mais capazes de agir, enquanto as injustas não são sequer capazes de agir conjuntamente, pois quando nos referimos a uma vigorosa associação de homens injustos na realização de alguma coisa, o que dizemos não é inteiramente verdadeiro, pois se houvessem sido completamente injustos teriam, certamente, se atacado entre si. Está claro que alguma forma de justiça deve ter estado presente entre eles que, ao menos, os impediu de cometer injustiças mútuas quando as cometiam contra os outros. E foi isso que os capacitou a realizar o que realizaram. Quando principiaram a cometer atos injustos, estavam apenas parcialmente corrompidos por sua injustiça, uma vez que aqueles que são integralmente maus e completamente injustos são totalmente incapazes de realizar qualquer coisa. Essas são as coisas que entendo como válidas e não aquelas que sustentaste inicialmente. Devemos investigar agora, conforme nossa proposta anterior, se indivíduos

---

56. O desconforto de Trasímaco é crescente e lhe devolve por algum tempo a rudeza, que, tal como seu cinismo, não atinge Sócrates.

justos também vivem melhor e se são mais felizes do que os indivíduos injustos. Penso que já está claro que assim é, mas é preciso que aprofundemos essa questão, visto que não se trata de um tópico prosaico, mas [pura e simplesmente] da maneira segundo a qual devemos viver.

Trasímaco
Vai em frente e aprofunda a questão.

Sócrates
Eu o farei. Diz-me: crês que há algo a que podemos chamar de função de um cavalo?

Trasímaco
Creio.

Sócrates
E definirias a função de um cavalo ou de qualquer outra coisa como aquilo que se é capaz de fazer exclusivamente graças a ela ou da melhor forma possível com ela?

Trasímaco
Não compreendo.

Sócrates
Deixa-me exprimi-lo assim: é possível enxergar com qualquer outra coisa salvo com olhos?

Trasímaco
É claro que não.

Sócrates
Ou ouvir com qualquer outra coisa exceto com os ouvidos?

TRASÍMACO

Não.

SÓCRATES

Consequentemente, estaremos certos se afirmarmos que a visão e a audição são [respectivamente] as funções dos olhos e dos ouvidos?

TRASÍMACO

É claro que estaremos.

SÓCRATES

E quanto a isto: é possível usar uma adaga, um instrumento cirúrgico ou uma grande quantidade de outros instrumentos para podar os ramos de uma videira?

TRASÍMACO

Não há dúvida que sim.

SÓCRATES

Mas não poderias executar um trabalho de qualidade superior com um podão concebido para essa finalidade do que com qualquer outro instrumento?

TRASÍMACO

Poderia.

SÓCRATES

Então poderíamos presumir que a poda é a função do podão?

TRASÍMACO

Sim.

SÓCRATES

Bem, agora estás em condição de compreender o que eu perguntei há pouco quando indaguei se a função de cada coisa é aquilo que ela exclusivamente é capaz de fazer ou o que faz melhor do que qualquer outra coisa.

TRASÍMACO

Compreendo realmente e concordo que a função de qualquer coisa é isso.

SÓCRATES

Ótimo. Concordas também que existe uma virtude específica de todas as coisas para as quais é atribuída uma função específica? Refaçamos o mesmo caminho: dissemos que os olhos têm uma certa função?

TRASÍMACO

Têm.

SÓCRATES

E, portanto, existe também uma virtude ou excelência dos olhos?

TRASÍMACO

Existe.

SÓCRATES

E os ouvidos têm uma função?

TRASÍMACO

Sim.

SÓCRATES

De modo que há, igualmente, uma virtude dos ouvidos?

Trasímaco

Sim.

Sócrates

E poderiam os olhos desempenhar bem a sua função se lhe faltassem a sua virtude específica, havendo no seu lugar uma deficiência?

Trasímaco

E como poderiam?... Digo, se queres dizer cegueira no lugar da visão.

Sócrates

Qualquer virtude que possa ser, pois não indago agora sobre isso, mas se toda coisa que possui uma função a desempenha bem por meio de sua própria virtude específica e mal por meio da deficiência que lhe é peculiar.

Trasímaco

Podes com certeza ter isso como verdadeiro.

Sócrates

Assim, os ouvidos, inclusive, privados de sua própria virtude, cumprem mal a sua função?

Trasímaco

É correto.

Sócrates

E o mesmo se poderia afirmar acerca de tudo o mais.

Trasímaco

É o que parece.

SÓCRATES

Então passa a considerar o seguinte: há alguma função da alma que não poderias desempenhar por meio de qualquer outra coisa, digamos a administração, o governo, a deliberação e coisas similares? Existe alguma coisa além de uma alma a que poderias acertadamente atribuir a tudo isso e afirmar que é a sua função específica?

TRASÍMACO

Não.

SÓCRATES

E quanto à vida? Não é uma função da alma?

TRASÍMACO

Certamente.[57]

SÓCRATES

E não diríamos também que existe uma virtude da alma?

---

57. A doutrina platônica não só concebe a existência da alma formando uma dualidade com o corpo, bem como a separação entre ambos, a superioridade da alma, sua existência independente e imortalidade após a corrupção do corpo e também sua transmigração; além disso, mesmo durante a existência binária e conjunta corpo/alma, o princípio vital não pertence ao corpo (que é um mero invólucro e veículo da alma); na verdade, esse princípio vital também não reside na alma: ele é uma função ou faculdade da alma e, por assim dizer, confunde-se e identifica-se com a própria alma. De fato, todas as faculdades, desde a instintiva ou apetitiva até a intelectiva (passando pela afetiva ou emocional) são faculdades da *psykhe*. Ocioso dizer que Platão foi nesse sentido influenciado pelos pitagóricos e mais especialmente pelos egípcios, hoje restando poucas dúvidas de que tenha sido um iniciado nas *Escolas de Mistérios* do Egito antigo. Ver o *Fédon*, em *Diálogos III*, e *As Leis*, obras publicadas em *Clássicos Edipro*.

TRASÍMACO

Diríamos.[58]

SÓCRATES

Então uma alma desempenhará sempre bem a sua função, Trasímaco, se for privada de sua própria virtude específica, ou é isso impossível?

TRASÍMACO

É impossível.

SÓCRATES

Poderemos concluir disso necessariamente que uma alma má governará e administrará mal as coisas enquanto uma alma boa se sairá bem em tudo isso?

TRASÍMACO

Necessariamente.

SÓCRATES

Bem, concordamos que a justiça é uma virtude da alma e a injustiça o seu vício ou deficiência?

TRASÍMACO

Concordamos.

SÓCRATES

Então conclui-se que uma alma justa e um *homem*[59] justo viverão bem, ao passo que o injusto viverá mal.

---

58. Note o leitor que Trasímaco responde na primeira pessoa do *plural*.
59. Segundo Platão, há virtudes, como a coragem e a justiça, das quais as mulheres são incapazes.

TRASÍMACO

É o que parece, de acordo com a tua argumentação.

SÓCRATES

E certamente todos que vivem bem são bem-aventurados e felizes e todos que não vivem bem se encontram na situação inversa.

TRASÍMACO

É claro.

SÓCRATES

E, portanto, uma pessoa justa é feliz e uma injusta é infeliz.

TRASÍMACO

Que assim seja.

SÓCRATES

É de se pensar que a ninguém interessa ser infeliz, mas sim feliz?

TRASÍMACO

É claro.

SÓCRATES

Portanto, Trasímaco, a injustiça jamais é mais vantajosa do que a justiça.

TRASÍMACO

Que seja este, Sócrates, o teu banquete nas festividades de Bêndis.

SÓCRATES

Oferecidas por ti, Trasímaco, depois de te tornares gentil e deixares de me tratar asperamente. Entretanto, não houve um bom banquete para mim. Porém, isso por culpa minha e não tua. Parece que me conduzi como um glutão, apoderando-me de cada prato disponível e pondo-me a prová-lo antes de ter propriamente saboreado o anterior. Antes de descobrir a resposta para nossa primeira indagação acerca do que é a justiça, afastei essa questão da mente e pus-me a investigar se é uma espécie de vício e ignorância ou uma espécie de sabedoria e virtude. Então surgiu uma discussão a respeito de ser a injustiça mais vantajosa do que a justiça e não pude evitar o abandono da discussão anterior para dedicar-me a essa outra. Consequentemente, a conclusão da discussão [geral,] no que se refere a mim é que nada sei, pois se não sei o que é a justiça, dificilmente saberei se é ela uma espécie de virtude ou não ou se uma pessoa que a possui é feliz ou infeliz.

Ao dizer tal coisa julguei ter a discussão por encerrada, mas acabou por revelar-se como meramente um prelúdio. Gláucon exibiu sua bravura característica também nessa oportunidade e recusou-se a aceitar a retirada de Trasímaco do debate.

Gláucon

Sócrates, é teu desejo ter-nos *aparentemente* persuadido que é melhor em todos os aspectos ser justo do que injusto, ou é teu desejo verdadeiramente convencer-nos disso?

Sócrates

Meu desejo é verdadeiramente convencer-vos.

Gláucon

Bem, nesse caso não estás certamente fazendo o que desejas. Diz-me: achas que há uma espécie de bem que acolheríamos não porque desejamos os seus produtos, mas por ele mesmo – a *alegria*, por exemplo e todos os prazeres inócuos que nada produzem além da alegria de experimentá-los?

SÓCRATES

Certamente. Acho que há tais coisas.

GLÁUCON

E há uma espécie de bem que apreciamos tanto por ele mesmo quanto por seus efeitos... digamos *saber, ver* e *estar com saúde*? Suponho que acolhemos essas coisas por ambos os motivos.

SÓCRATES

Sim.

GLÁUCON

E vês também uma terceira espécie de bem, tais como o treinamento físico, o tratamento médico em caso de doença, a própria Medicina e outros meios de ganhar dinheiro? Diríamos que são laboriosas, porém benéficas a nós, e não as acolhemos por elas mesmas, mas pelas recompensas e outras consequências que delas advêm.

SÓCRATES

Há, de fato, também essa terceira espécie. Mas o que tem ela a ver?

GLÁUCON

Onde enquadras a justiça?

SÓCRATES

Eu a situo entre os bens mais excelentes, como algo a ser valorado por qualquer um que será abençoado com a felicidade, tanto devido a ela mesma quanto devido aos seus efeitos.

GLÁUCON
Essa não é a opinião da maioria das pessoas. Diriam que a justiça está na lista da espécie laboriosa e deve ser praticada em função das recompensas e popularidade que resultam de uma reputação de justo, mas que deve ser evitada por si mesma como algo oneroso.

SÓCRATES
Não desconheço que é essa a opinião geral. Trasímaco criticou a justiça nesses termos há pouco e louvou a injustiça, mas parece que aprendo devagar.

GLÁUCON
Ora, então, escuta-me também e verifica se permaneces com aquele problema, pois penso que Trasímaco desistiu antes da hora, fascinado por ti como se fosses uma serpente. Mas não me sinto satisfeito ainda com os argumentos de um lado e nem do outro. Desejo saber o que são a justiça e a injustiça e qual o poder e efeito que possuem por si próprias na esfera da alma, mas de sorte a desconsiderar suas recompensas e consequências. Assim, se concedes teu assentimento, renovarei o argumento de Trasímaco. Começarei por indicar qual a natureza e a origem da justiça segundo a julgam as pessoas; em um segundo momento, argumentarei que todos os que a praticam o fazem involuntariamente, na qualidade de algo necessário e não na qualidade de algo bom; em um terceiro momento, argumentarei que não lhes faltam bases plausíveis para agir como agem, pois a vida de um indivíduo injusto é, dizem elas, muito melhor do que aquela de

um indivíduo justo. Não que eu, Sócrates, pessoalmente creia nisso. Porém sinto-me perplexo e meus ouvidos estão atordoados com os argumentos de Trasímaco e inúmeros outros. Mas jamais ouvi até hoje alguém que defendesse a justiça da forma que gostaria de ouvir, provando que é superior à injustiça. O que gostaria de ouvir seria, por assim dizer, um encômio à justiça como se proferido por *ela própria*, e acho bastante provável que ouvirei isso de ti. Portanto, discursarei extensivamente em louvor da vida injusta e o fazendo indicarei a ti a forma na qual desejo ouvir-te no louvor da justiça e na denúncia da injustiça. Mas me transmite [antes de qualquer outra coisa] se queres que eu realize tal coisa ou não.

Sócrates

Quero-o mais do que qualquer outra coisa. Com efeito, haveria outro tema cuja discussão assídua trouxesse maior prazer a um homem de algum entendimento?

Gláucon

Excelente. Principiemos com o primeiro tópico indicado por mim, a saber, o que é a justiça e qual é a sua origem. Dizem que cometer injustiça é naturalmente bom e sofrê-la é naturalmente mau, mas que o mal de sofrer injustiça excede a tal ponto o bem de cometê-la que aqueles a cometeram e sofreram, tendo experimentado as duas posições, quando [afinal] lhes falta a capacidade de cometê-la e de se esquivarem de sofrê-la, decidem ser vantajoso estabelecer um acordo mútuo e comum de não a cometer nem a sofrer. O resultado é passarem a produzir leis e contratos e o que a lei determina classificam como *justo* e *lícito*. Isso, de acordo com eles, constitui a origem e a essência da justiça. É o meio-termo entre o melhor e o pior: o melhor é perpetrar injustiça sem ser punido por isso; o pior é sofrê-la sem ser capaz de vingar-se. A justiça é um ponto mediano desses dois extremos. As pessoas a estimam não como um bem, mas porque são demasiado fracas para cometer injustiça com impunidade. Aquele, todavia, que possui o poder de cometê-la e é um homem autêntico, não faria acordo algum com ninguém para não fazer injustiça a fim de não a sofrer. Para ele isso seria loucura. Conforme tal teoria, Sócrates, eis aí a natureza da justiça e sua origem.[60]

Pode-se perceber com suma clareza que os que praticam a justiça o fazem involuntariamente e porque carecem da capacidade de cometer injustiça se teoricamente concedermos a um indivíduo justo e a um injusto a liberdade de fazer o que quiserem. Podemos então seguir ambos e verificar ao que conduzem os seus desejos. E surpreenderemos em flagrante a pessoa justa trilhando a mesma

---

60. Embora não seja um sofista, Gláucon substitui aqui Trasímaco e, tendo assumido a tarefa de expor serena e detalhadamente a visão sofista da justiça, indica que a origem/fundamento dessa não é natural, mas convencional, ou seja, o que determina o que é justo é a lei e não a natureza. Na verdade, o que os sofistas fazem é reduzir o ético ao legal, deslocando a justiça (bem como todas as demais virtudes) do plano moral ao legal, ou seja, o domínio que é fruto das convenções pactuadas pelos homens. A origem da virtude não é divina, nem natural e nem o caráter ou o costume: os líderes de um grupo humano reúnem-se em um determinado momento da história e convencionam o acatamento de certas condutas... e *ponto final*. Em coerência com isso, os sofistas sustentarão que as virtudes são perfeitamente ensináveis. O parentesco, ainda que remoto, entre essa teoria e as teorias ditas contratualistas que surgirão na Europa nos séculos XVII e XVIII (Grócio, Hobbes e Rousseau) é evidente. Ver *Mênon*, em *Diálogos V*; *Protágoras*, em *Diálogos I*; *Górgias*, em *Diálogos II*; e *As Leis*, obras publicadas em *Clássicos Edipro*.

estrada da injusta. A razão disso é o desejo de superar os outros e conquistar mais e mais, que é o que a natureza de qualquer um espontaneamente persegue como o bem; entretanto, a natureza é induzida compulsoriamente pela lei à perversão de tratar a equidade com respeito.

A liberdade que mencionei seria realizada com extrema facilidade se ambos tivessem o poder que dizem que possuía o ancestral de Giges, o lídio. Narra a história que ele era um pastor a serviço do soberano da Lídia. Houve uma tempestade torrencial, um terremoto fendeu o solo e criou um abismo no lugar no qual ele cuidava de seu rebanho. Ao contemplá-lo – contam – ficou perplexo, mas adentrou o abismo, onde se deparou com muitas maravilhas – prossegue a narrativa –, entre as quais um cavalo oco de bronze; nesse havia aberturas semelhantes a janelas pelas quais ele espiou, vendo no interior um cadáver, que parecia ter proporções superiores às de um homem; o corpo estava nu e havia um anel de ouro em um dos dedos [de uma das mãos]. Ele apoderou-se do anel e saiu do abismo. Usou o anel na costumeira reunião mensal dos pastores na qual eram feitos os relatórios a respeito do estado dos rebanhos para serem entregues ao rei. E quando estava sentado entre os demais aconteceu de dirigir o engaste do anel para si mesmo, rumo à palma de sua mão. Ao fazê-lo tornou-se invisível para os que estavam sentados próximos de si e eles continuaram a falar como se ele tivesse ido embora. Em pasmo, ele voltou a tocar o anel e virando o engaste novamente para o exterior retomou a visibilidade. Não tardou a testar o anel visando a confirmar se realmente possuía aquele poder – e [não restava dúvida de que] possuía: virando o engaste para o interior da mão tornava-se invisível; virando-o de novo para a posição normal, recuperava a visibilidade. Compreendendo-o, logo conseguiu com os outros pastores ser ele um dos mensageiros que levariam os relatórios ao rei. E quando chegou ao palácio seduziu a esposa do rei, com a ajuda dessa atacou-o, matou-o e se apossou do reino. Imaginemos, então, que dispuséssemos de dois anéis desse tipo e um deles fosse usado por um indivíduo justo e o outro por um injusto. Nessas circunstâncias, parece que ninguém seria tão incorruptível a ponto de continuar na senda da justiça e manter suas mãos longe das propriedades alheias, quando poderia apanhar impunemente tudo o que desejasse no mercado, entrar nas casas das pessoas e deitar-se com quem lhe aprouvesse, matar ou soltar da prisão quem quisesse e realizar todas as outras ações que o tornariam semelhante a um deus entre os seres humanos. E, assim, as ações do justo não difeririam em nada daquelas do injusto e ambos trilhariam o mesmo caminho. Isso – alguns diriam – seria uma grande prova de que ninguém jamais é justo voluntariamente, mas somente quando forçado a sê-lo, acreditando que a justiça não é seu bem pessoal, porquanto todo homem, quando se supõe detentor do poder de fazer injustiças impunemente, as faz. Com efeito, todo indivíduo crê que a injustiça é muito mais vantajosa para si mesmo do que a justiça. E qualquer proponente dessa teoria dirá que está certo pois alguém que não quisesse cometer injustiça, se fosse lhe dada a oportunidade para tanto e que não tocasse a propriedade alheia, seria tido como desprezível e estúpido por todos os que estivessem a par da situação – embora, é claro, em público o elogiassem, ludibriando-se reciprocamente por medo de sofrer injustiça. E isso é o bastante para o meu segundo tópico.

Quanto à escolha entre as vidas que constituem o objeto de nossa discussão, estaremos capacitados a efetuar um correto julgamento apenas se separarmos o mais justo do mais injusto; caso contrário, não seremos capazes de fazê-lo. Eis a separação que tenho em mente. Não subtrairemos nada da injustiça de um indivíduo injusto e nada da justiça de um justo, mas encararemos cada uma como completa em seu próprio estilo de vida. Primeiramente, em decorrência disso, teremos de supor que uma pessoa injusta agirá como agem profissionais inteligentes. Um piloto ou médico de primeira categoria, por exemplo, conhece a diferença entre as possibilidades e impossibilidades de sua respectiva arte, tentando as primeiras e esquecendo as segundas. E no caso de cometer algum deslize, é capaz de corrigir as coisas. Da mesma forma, as tentativas bem-sucedidas de um indivíduo injusto na injustiça devem se conservar não descobertas se ele se dispor a ser completamente injusto. Qualquer um que se deixar ser apanhado deveria ser julgado inepto, pois o auge da injustiça é fazer-se passar por justiça sem o ser. E, a nosso indivíduo completamente injusto deve ser atribuída completa injustiça, nada se permitindo que lhe seja subtraído. Temos de admitir que, embora cometendo a máxima injustiça, granjeou para si a máxima reputação de justo. Caso ele incorra em algum erro, terá de ser capaz de retificá-lo. Se algum de seus atos injustos vier à luz, terá de estar capacitado a discursar persuasivamente ou usar a força; se a força for necessária, terá de contar com o auxílio da coragem e do vigor, da riqueza e dos amigos dos quais se fez rodear.

Tendo concebido hipoteticamente essa pessoa, é exigido agora de nossa teoria que coloque ao seu lado um indivíduo justo, o qual é simples e nobre e que, como nas palavras de Ésquilo,[61] não quer que acreditem ser ele bom, mas quer ser bom. Temos de despojá-lo de sua reputação, pois uma reputação de justo lhe traria honras e recompensas, de modo que não ficaria claro se ele é justo pela própria justiça ou se por interesse dessas honras e recompensas. Teremos de despojá-lo de tudo exceto da justiça, tornando a sua situação o oposto daquela de um indivíduo injusto. Embora ele não faça injustiça alguma, deve ter máxima reputação de injusto, de sorte que possa ser testado rigorosamente no tocante à justiça e sua situação não seja amenizada pela má reputação e os efeitos dessa. Que permaneça assim inalteravelmente até a sua morte, ou seja, *justo*, porém durante a sua vida inteira com a reputação de *injusto*. Dessa forma, ambos atingirão os extremos, um da justiça e o outro da injustiça, e estaremos capacitados a julgar qual deles é o mais feliz.

Sócrates

Admirável! Meu caro Gláucon, com que vigor poliste cada um dos teus dois homens para a nossa disputa, fazendo-o exatamente como o farias com um par de estátuas para uma competição de arte!

Gláucon

Faço o melhor que posso. Visto que ambos são como os descrevi, em um caso ou em outro, não deveria ser difícil completar o relato do tipo de vida que espera cada um deles. Porém, isso deve ser feito. E se o meu discurso, Sócrates, soa brutal, lembra que não sou eu que falo, mas

---

61. No drama *Sete contra Tebas*, Ésquilo diz exatamente de Anfiarau que "não desejava a reputação de ser o melhor, mas o ser".

sim os que recomendam a injustiça a expensas da justiça. Dirão que um indivíduo justo em tais circunstâncias será açoitado, estirado na roda[62], acorrentado, cegado com fogo e no fim, após ter padecido toda a espécie de males, será empalado e compreenderá, então, que não se deve querer ser justo mas ter a reputação de justo. De fato, as palavras de Ésquilo aplicam-se muito mais corretamente aos indivíduos injustos do que aos justos, pois os defensores da injustiça dirão que um indivíduo realmente injusto, tendo um tipo de vida baseado na verdade das coisas e não vivendo segundo a opinião, não deseja simplesmente gozar da reputação de ser injusto, mas sê-lo de fato...

Colhendo em uma leira profunda de sua inteligência,
Onde sábios conselhos se propagam.

Governa sua cidade devido a sua reputação de justo; obtém a esposa de qualquer família que quiser; dá seus filhos em casamento a quem deseja; mantém contratos e sociedades com quem quiser e, além de beneficiar a si mesmo de todas essas formas, aufere proveitos e lucros, porque não tem escrúpulos quanto a cometer injustiças. Em qualquer lide, pública ou particular, é o vencedor e supera os seus inimigos, e os superando torna-se abastado, beneficiando os seus amigos e prejudicando os seus inimigos. Faz adequados sacrifícios aos deuses e lhes dedica

---

62. Instrumento de tortura constituído basicamente por uma estrutura de madeira e roletes que produziam o estiramento dos membros do torturado, o qual, deitado de costas, tinha os pulsos e os tornozelos presos. Foi amplamente utilizado pelos antigos, especialmente para extrair informações de prisioneiros capturados durante as guerras. Mas o seu uso chegou à Idade Média, tendo também sido largamente usado pelo Tribunal da Inquisição, o chamado *Santo* (?) Ofício.

magníficas oferendas, zelando, portanto, melhor pelos deuses (e, efetivamente, pelos seres humanos por quem tem afeição) do que o faz um indivíduo justo. Consequentemente, os deuses, em troca, cuidarão melhor dele do que de um indivíduo justo. É o que afirmam, Sócrates, ou seja, que deuses e homens propiciam uma vida melhor aos indivíduos injustos do que aos justos.